고쳐 쓸 용기

초판 1쇄 발행 2024년 10월 10일

지은이 안소연
발행인 송진아
편 집 아이핑크
디자인 로프박
제 작 제이오앨엔피
펴낸곳 푸른칠판
등 록 2018년 10월 10일(제2018-000038호)
팩 스 02-6455-5927
이메일 greenboard1@daum.net
ISBN 979-11-91638-22-6 03370

* 이 책은 저작권법에 따라 보호를 받는 저작물이므로 무단 전재와 무단 복제를 금지하며,
  이 책의 전부 또는 일부를 이용하려면 반드시 저작권자와 푸른칠판의 서면 동의를 받아야 합니다.
* 책 값은 뒤표지에 있습니다.

고쳐 쓸 용기

Courage to Rewrite

안소연

푼칠판

차례

들어가며 ◦ 6

1

쓰		
기		
	의	
		맛

원고료 36만 원 ◦ 11
초짜가 최고의 팀을 만나면 ◦ 18
물 들어올 때 노 젓기 ◦ 22
인간에 대한 예의 ◦ 27
밤 운전을 하듯 인생을 산다면 ◦ 30
서른 셋의 입시생 ◦ 33
인생 2막을 여는 필요충분조건 ◦ 37
학부모 출입 금지 ◦ 41
선생 똥은 개도 안 먹어 ◦ 44

2

나	를	
	키	운
학	교	

세상의 모든 옆 반 선생님 ◦ 49
힘을 빼야 보이는 것들 ◦ 53
선생님은 어른이에요 ◦ 58
인생을 바꿀 10분 ◦ 61
털어놓는 마음 ◦ 65
저는 하나의 우주랍니다 ◦ 70
나의 어린 스승 ◦ 75
열지 못한 블랙박스 ◦ 80
나 지금 연애하나 봐 ◦ 89

3 어린 작가들

읽기의 세계에서 어슬렁거리기 ◦ 95
제 글의 문제점을 비판해 주세요 ◦ 98
소소하지만 특별한 시도 ◦ 102
글쓰기의 씨앗 뿌리기 ◦ 107
발로 시작해서 머리로 완성하기 ◦ 110
나만의 별자리를 만들어요 ◦ 114
내 인생 최고의 글 ◦ 118
삶과 삶이 연결되는 마법 ◦ 122
상상으로 할 수 있는 과제 ◦ 125
고쳐 쓸 용기 ◦ 129
몰입의 바다로 뛰어드는 시간 ◦ 135
악마와 천사 ◦ 138

4 교사의 글쓰기

교사는 작가다 ◦ 145
혼돈과 무질서 속에서 기록하기 ◦ 149
잔소리 스위치는 잠시 꺼 두세요 ◦ 152
요약만 잘해도 어린이책을 쓸 수 있다 ◦ 155
어린이책 쓰기의 매력 ◦ 160
즐겁고 여유로운 글쓰기를 하려면 ◦ 163
마티스의 소묘처럼 ◦ 169
곡식 한 알 한 알 쓸어 담는 마음 ◦ 172
인생을 두 배로 사는 방법 ◦ 177

나가며 ◦ 182

들어가며

* 이 책에 등장하는 어린이 이름은 가명이며, 일부 내용은 각색되었습니다.

교사로서 내가 좋아하는 시간은 아이들이 글을 쓰는 시간이다. 준비물은 공책, 연필, 지우개, 그리고 마음이다. 글쓰기에 필요한 마음 상태를 갖추기까지 조금 시간이 걸린다. 한참 들끓던 아우성이 조금씩 잦아들 때면 교실 어딘가에 소음을 빨아들이는 구멍이 있다는 생각마저 든다. 드디어 모든 아이들이 내면의 바다로 풍덩 들어가면 교실엔 깊은 고요가 찾아온다. 여럿이 함께 있지만 각자의 고독을 즐기는 이 시간을 나는 사랑한다.

글을 어느 정도 쓰고 나면 아이들은 다시 떠들기 시작한다. 평화로운 적막은 오래 가지 않지만, 글을 완성하고 난 아이들의 얼굴은 조금 달라져 있다. 어린 작가들은 재잘거리며 나에게 다가와 말한다. "선생님, 제 글 친구들한테 읽어 줘도 돼요." "선생님, 제 글은 선생님만 보세요." 자랑하고 싶은 마음도, 수줍어하는 마음도 있다. 마음은 제각각 다르지만 글을 완성한 아이들의 얼굴은 맑게 빛이 난다. 글을 쓰는 활동이 아이들 마음의 샘을 깊게 만드는 것 같다.

내가 초등학생이었을 때, 미술 시간에 마블링 활동을 한 적이 있다. 물 위에 둥둥 뜬 물감을 이리저리 휘젓다가 종이나 천으로 물감의 무늬를 찍어 보는 것이다. 생각지도 못한 무늬가 우연처럼 드러날 때 나는 "와, 와!" 환호성을 질렀다.

아이들의 글쓰기 공책을 펼치면 어린 시절의 물감 놀이가 떠올랐다. 내면의 무늬를 하얀 종이 위에 글자로 찍어 보여 주는 아이들. 그 마음의 무늬에는 부드러운 곡선도 날카로운 직선도 있다. 다채로운 빛깔로 가득하기도 하고 온통 흑백으로 채워져 있기도 하다. 우연히 찍혀 나온 마음의 무늬는 아이들에 대해 많은 것을 알려 주었다. 아이들이 드러내는 내면의 풍경을 보면서 나는 아이들을 좀 더 깊게 이해할 수 있었다.

초등학교 교사로 아이들에게 글쓰기를 가르치며 10년을 살았다. 더 이전에는 방송국 교양프로그램을 구성하고 대본을 쓰는 작가로 8년을 살았다. 전체 직업 인생의 절반을 방송작가로, 절반을 글쓰기 수업을 하는 교사로 산 셈이다. 나이가 들면서 하는 일은 달라졌지만 내 인생의 중심에는 글쓰기가 있었다.

내 지난 이력을 말하면 많은 선생님들이 이런 질문을 했다.

"글 쓰는 일이 더 힘들어요? 교사로 사는 게 더 힘들어요?"

교사로서 직업적 고단함이 엿보이는 질문이었다. 글을 쓰는 일과 교사로 사는 일 둘 다 만만치 않다. 우리 인생 자체가 쓰디쓴데 어떤 게 더 힘들다고 저울질할 수 있을까.

오랜 꿈이었던 방송작가가 됐지만 꿈을 이룬 삶이 달콤하기만 한 것은 아니었다. 원고 마감을 지키기 위해 숱한 밤을 지새워야 했다. 소처럼 우직하게 일했지만 프로그램 개편으로 내가 맡은 방송이 하루아침에 폐지되기도 했다. 인생의 쓴맛을 한탄하다가 불현듯 내 인생을 다시 써 보고 싶었다. 글을 고쳐 쓰듯 인생을 새롭게 써 보고 싶었다. 서른 셋, 첫 아이를 임신했을 때 나는 '교사'라는 새로운 꿈을 쓰게 되었다.

교사의 꿈을 이룬 뒤에는 또 다른 종류의 어려움이 찾아왔다. 인내심의 한계를 느끼거나 돌아서면 후회되는 순간도 많았다. 다양한 사람들의 수십 가지 요구 속에서 가끔은 동그란 세모를 그리고 있는 기분이 들기도 했다. 조건 없는 사랑을 받았지만 원치 않는 미움을 받기도 했다. 허심탄회한 소통은 어렵고 오해와 상처 주는 말들은 나를 찌르기도 했다. 씁쓸한 인생의 맛이 여기에도 있었다.

인생도 글쓰기도 참 쓰디쓰다. 그런데 돌이켜 보니 인생의 쓴맛이 글쓰기의 쓴맛으로 희석된 것 같다. 글을 쓰고 지우면서 나는 지친 마음을 회복했고 다음 날 아침이면 언제 그랬냐는 듯 벌떡 일어나 교실로 향할 수 있었다. 글쓰기를 통해 나는 인생을 잘 살아낼 수 있는 용기를 얻었다. 글쓰기 수업을 통해 나는 아이들의 마음에도 그런 용기를 심어 주고 싶다.

생계형 작가에서 교실 속 글쓰기 예찬론자가 되기까지 글쓰기는 부인할 수 없는 내 삶의 궤적이 되었다. 그 과정에서 만났던 사람들과 교실 속 어린 작가들의 이야기를 책에 담았다. 맵고 씁쓸했던 순간도 많았지만 지나고 보니 그 만남은 나를 좀 더 나은 사람으로 성장시켰다. 쓰다 보니 알게 된 것과 그 소중한 가치에 대해 이 책을 빌어 조금이나마 전할 수 있기를 바란다.

2024년 가을 안소연

1

그때는 몰랐다. 아무리 짙은 어둠이라도 새벽은 어김없이 찾아온다는 것을. 끝없이 이어지는 터널은 없다는 것을. 지지부진 써지지 않는 글도 한 문장 한 문장 쓰다 보면 결국 마침표를 찍게 된다는 것을. 처음부터 모든 걸 다 계획할 필요도, 미리부터 불안해 할 필요도 없다는 것을 그때는 몰랐다.

원고료 36만 원

대학교 3학년, 나는 졸업을 잠시 미루고 휴학을 했다. 졸업 후 본격적인 직업인이 되기 전 방송 경험을 쌓고 싶었기 때문이다. 운 좋게 한 방송사의 다큐멘터리 팀에서 자료 조사원으로 일하게 되었고, 3개월의 계약 기간이 끝날 무렵 한 가지 제안을 받았다.

"옆 팀 말이야. 작가가 너무 안 구해져서. 급하게 작가 구하던데, 혹시 할 생각 있어?"

함께 일했던 피디가 고맙게도 새로운 일자리를 알아봐 주었다. 나로서는 거절할 이유가 없는 탐날 만한 자리였다. 방송국 자료 조사원이라는 경력 한 줄을 만들자마자 이력서 두 줄까지 채울 새로운 경력이 생긴 것이다.

프리랜서 방송작가의 세계는 철저하게 경력 중심으로 돌아간다. 그 시작은 자료 조사원으로, 프로그램이 다룰 만한 방송 소재를 찾고 관련 자료를 조사한다. 촬영이 끝나면 촬영한 내용을 정리하고 자막을 뽑는 일 등 방송 전반에 필요한 여러 가지 일들을 보조하는 역할도 한다. 자료 조사원으로 일하다 프로그램 원고 일부를 쓰는 보조 작가가 된다. 프로그램의 소재를 고르고 자료 조사 일을 병행하지만 보조 작가의 주 업무는 프로그램 원고 일부를 쓰는 것이다. 몇 년 간 보조 작가로 경력을 쌓으면 전체 프로그램을 기획하고 원고를 쓰는 메인작가가 된다. 메인작가는 원고 쓰는 능력뿐 아니라 방송에 대한 감각과 순발력도 필요하다. 시대의 흐름을 읽을 줄 알아야 하고 사람들이 원하는 방송 소재를 찾아야 하며 때론 사람들에게 필요한 화두를 던질 수도 있어야 한다.

이제 막 방송 맛을 본 내게 메인작가는 반드시 오르고 싶은 산의 정상이었다. 산꼭대기를 향해 한 걸음 한 걸음 내딛는 심정으로 나는 옆 팀의 A피디를 만났다.

"한 편만 딱 이번 한 편만 해 봅시다."

그는 방송사에서 나름대로 인정받는 사람처럼 보였다. 아쉽지만 한 편밖에는 할 수 없다고 확실하게 이야기해 주는 것도 좋아 보였다. 다큐멘터리를 만드는 전 과정에 참여할 수 있고 그 과정에서 배우게 될 것들을 기대하면서 일을 시작했다. 하지만 일을 시작하자마자 나는 이 자리에 왜 아무도 오지 않았는지, 왜 그토록 작가가 구해지지 않는지, 대학 졸업장도 없는 나 같은 휴학생에게 어떻게 이런 뜻밖의 기회가 찾아왔는지 알게 되었다.

"네가 뭘 안다고 그러냐?"
"야, 너 나대지 마."
"어휴, 그럼 그렇지 네가 아는 게 뭐가 있냐? 아휴, 무식하네."

사람의 혀가 세상을 천국으로도 지옥으로도 만들 수 있다는 사실을 그때 처음 알았다. 살면서 한 번도 들어 본 적이 없는 무시와 조롱의 말들이 하루 이틀 사흘 나흘 계속되었고 나는 그의 비난을 들을 때마다 묵직한 주먹으로 머리를 맞는 기분이었다.

아마추어와 챔피언의 경기였다. 아무리 주먹을 불끈 쥐고 이리저리 주먹을 날린들 이 경기의 승패는 불 보듯 뻔했다. 뱀처럼 능수능란한 그의 플레이에 휘말려 주먹 한 번 뻗어 보지도 못한 채 링 밖으로 자꾸만 내동댕이쳐지는 기분이 들었다. 무엇보다 그가 호통을 치며 나를 비난할 때마다 나의 지적 능력은 저 아래 끝도 없는 지하 어디쯤으로 떨어지는 것 같았다.

"야, 이거 이렇게 하라고 했어? 내가 언제 그랬어?"

잔 펀치 한 번. 정신이 얼얼하다.

"너 똑바로 안 할래! 정신 안 차려!"

잔 펀치 두 번. 정신을 차리라는 말을 들으면 오히려 정신을 놓게 되는 기현상이 펼쳐졌다. 그가 호통을 치면 나는 실수로 화답했고 "어휴, 네가 그럼 그렇지."라는 핀잔과 조롱으로 하루가 끝났다.

다큐멘터리 프로그램은 특성상 지방 출장이 많다. 전국 방방곡곡을 다니면서 촬영하고 취재 다니는 게 주된 일이다. 나는 남자 스태프들과 한 차를 타고 몇 날 며칠 지방 출장을 다니면서 때가 되면 주변 식당을 알아보고, 다음 취재 장소를 섭외하고, 면담자 일정을 확인하고 촬영했다. 아침부터 저녁까지 취재와 촬영이 계속되었고 밤이 되면 괴로운 술자리로 이어졌다.

일주일간의 촬영이 끝나면 편집이 시작되었다. 수십 개에 이르는 eng 카메라 촬영 테이프를 살피면서 면담자의 인터뷰 내용을 한글 문서로 정리했다. A피디는 정리된 한글 문서를 보면서 프로그램 편집의 방향을 정했다. 편집이 시작되면 나는 지시에 따라 해당 테이프를 찾아 편집기에 넣었다 뺐다. 조선 시대의 베 짜는 여인처럼 양손을 앞뒤로 뻗으며 테이프를 넣었다 빼기를 반복했고 베틀이 아닌 편집기를 들락거리던 수십 개의 촬영 테이프는 임시 편집본에서 본 편집본으로 축약됐다.

한 손에 들어오는 스마트폰으로 뚝딱 촬영한 뒤 편집 앱에 넣어 이리저리 만지면 영상물 한 편을 만들 수 있는 지금과는 사뭇 다른 호랑이 담배 피던 고릿적 이야기 같을 것이다. 하지만 방송물을 만드는 일은 예나 지금이나 수많은 사람들이 시간과 공을 들여야 가능한 일이다.

나는 A피디를 졸졸 따라다니면서 그가 끼니를 굶으면 나도 굶고 그가 밥을 먹으면 나도 먹었다. 새벽녘쯤 그가 집으로 가면 방송국 숙직실로 기어들어 굽은 허리와 다리를 펴고 누웠다. 방송국에는 낮과 밤이 따로 없다. 일할 때가 낮이고 일이 끝나야 밤이다. 몇 날 며칠의 밤샘 편집 끝에 드디어 편집본에 맞춰 해설 원고를 써야 할 시간이 왔다. 다큐멘터리 원고야말로 글쓰기 능력이 가장 중요한 장르인 만큼 나도 언젠가 다큐멘터리 작가가 되고 싶다는 바람이 있었다. 밤샘 작업이 계속되면서 비몽

사몽 정신이 없는 와중에 나는 순진한 꿈을 꾸고 있었다. 내 머리에서 나온 원고가 단 한 줄이라도 방송 전파를 타면 좋겠다는 꿈. 작가라는 이름에 걸맞은 역할을 하고 싶다는 꿈이었다.

"원고 도입부는 어, 이렇게 해 보자. 야, 너 빨리 쳐. 아냐 아냐 다시 다시!"

A피디는 나를 컴퓨터 앞에 앉게 한 뒤 원고 한 줄을 부르고 주변을 서성댔다. 말을 뱉었다가 "아냐 아냐, 다시 다시"를 연발했고 나는 타라락 자판을 쳤다가 다시 타라락 글자를 지웠다. 그의 혀끝만 바라보던 그 밤의 피로는 눅진하게 나를 파고들었다. 한 문장 한 문장 겨우 쓰다가 어느 부분쯤 이르렀을 때 그의 입에서 문장 한 줄이 나오지 않았다. 아침이 오기 전까지 원고를 완성할 수 있을까. 피를 말리는 초조함과 피로감에 질식되고 싶지 않았는지도 모르겠다. 나는 침묵을 깨고 말했다.

"피디님, 이 부분 이렇게 쓰면 어떨까요?"

세상에 공짜는 없고 밥값은 하고 다녀야 한다는 부모님의 가르침을 충실하게 실천하고자 했던 나는 잠시나마 내 할 몫을 했다 믿었다. 그러나 그는 일순간에 얼굴을 확 구기더니 버럭 소리를 질렀다.

"네가! 작가야? 너! 작가 아니야. 너는 내가 하는 말만 받아쓰면 돼. 누가 대학도 졸업 안 한 휴학생한테 원고를 맡기냐. 주제 파악 좀 해라."

비몽사몽 꿈과 현실을 왔다 갔다 하던 나는 그의 일갈에 정신이 번쩍 들었다. 강펀치에 입을 맞은 듯, 나는 동이 터 올 때까지 그가 묻는 말에 대답하는 것 말고는 아무 말도 할 수 없었다.

아침까지 쓰고 지우고를 반복한 원고 작업은 더빙 시간에 임박해서야 겨우 끝났다. 완벽하게 써서 완성된 게 아니라 더는 손댈 시간이 없어서 손을 떼는 것이었다. 이렇게 대본이 완성된다니 놀라울 지경이었지만 어쨌든 약속된 시간을 넘길 수는 없었다. 성우 더빙을 하고 음악과 자막과 효과음을 입히고 프로그램의 앞뒤 타이틀을 붙인 뒤 영상은 방송 전파를 탔다.

나는 종합편집실에 앉아 맨 마지막 스태프 스크롤로 내 이름이 올라가는 걸 바라봤다. 1초, 2초, 3초쯤 되었을까. 순식간에 이름 석자가 흘러가는 와중에 지난 한 달의 시간이 주마등처럼 흘러갔다. 야외 촬영과 밤샘, 편집과 밤샘, 원고와 밤샘이 떠올랐다.

짧았지만 강렬했던 나의 작가 데뷔기는 그렇게 끝이 났다. 한 편의 방송이 만들어지는 과정을 배웠지만 사회에서는 누구나 각자의 저울로 상대방의 값어치를 정한다는 것도 알게 되었다. A피디 눈에 나는 대학 졸업장도 없는 풋내기일 뿐이다. 하지만 그렇다고 해서 내 가치를 내가 아닌 다른 누가 정할 수만은 없는 것 아닌가. 나는 약속된 한 편을 끝내고 방송국을 떠나기 전 그에게 말했다.

"저, 피디님, 피디님한테 할 말 있어요."

"뭔데? 말해."

"제가 지금은 초짜지만 평생 초짜일 리가 없잖아요?"

"어, 그런데?"

"지금은 피디님과 제가 피디와 초짜 작가라는 관계로 만났지만요. 나중에는 어떤 피디와 어떤 작가로 만날지 모르고요. 또 피디, 작가가 아닌 다른 관계로 만날지도 모르고요. 사람 일이라는 게 모르는 거기도 하잖아요. 그리고 무엇보다 사람 그렇게 함부로 대하는 거… 그거 아니에요."

'어쭈 이것 봐라?' 하는 표정으로 나를 보던 그는 입을 잠시 달싹였다. 그가 뭐라 말하기 전에 나는 쌩하게 뒤돌아서 방송국을 나섰다.

얼마 뒤 원고료 40만 원 중 세금을 뗀 나머지 36만 원이 입금되었다. 내가 정식 작가가 아니기에 책정된 원고료를 다 줄 수는 없다는 그의 마지막 말과 함께. 36만 원은 작가라는 이름으로 내가 받은 첫 원고료였다.

초짜가 최고의 팀을 만나면

방송국에서 호된 신고식을 치른 뒤 한동안 방송국 근처는 쳐다보지도 않았다. 하지만 대학 졸업 무렵 다시 방송국의 치열했던 낮과 밤이 스멀스멀 떠올랐다. 매일 새로운 사람을 만나고 한 번도 가 보지 않은 새로운 장소에 가고 하루하루가 변화무쌍한 방송국에서, 좋아하는 글을 써서 방송을 만들며 밥벌이를 할 수 있는 삶이 다시 그리워졌다.

결국 대학 졸업 무렵, 나는 방송국 복도에 앉아 새로운 피디를 기다리고 있었다.

저 멀리 어두운 복도 끝에서 한 남자가 두리번거리다 멈칫했다. 역광 때문에 얼굴은 보이지 않았지만 내 쪽으로 방향을 틀어 다가오는 모습에 나도 자리에서 슬며시 일어섰다. 그도 나도 오늘 서로가 만나야 할 당사자임을 직감했다. 예의 있고 성실해 보이는 첫인상을 심어 주고 싶다는 생각이 들었다.

가까이 다가오는 그의 얼굴이 눈에 들어왔다. 야구 모자를 대충 머리에 얹어 쓴 모습이 장난스러워 보였다. 눈가에 잡힌 주름이 오히려 어린아이다운 순수한 느낌을 주었다. 그는 잠깐 숨을 몰아쉬더니 인사했다.

"안녕하세요? 안소연 씨, S피디라고 합니다."

짧게 인사를 나눈 뒤 복도 의자에 다시 앉았다. 내 이력서가 들려 있는 그의 왼손이 눈에 들어왔다. 격식을 차린 엄숙한 면접은 아니지만, 엄연히 구직자와 구인자가 만나는 자리였다. 사람 좋은 미소를 지으며 내가 이 일을 할 만한 사람이라는 걸 최대한 드러내려는 나와 다르게 그는 사람을 뽑는 일에 큰 고민이 없어 보였다.

"문예창작학과 나왔으면 글은 웬만큼 쓰겠죠. 함께 일합시다. 다음 주부터 나오는 겁니다."

면접은 생각보다 시시하게 끝이 났고 나는 금방 일자리를 구했다.

무릇 어떤 직업이든 사람들이 하는 일이니 사람이 중요하겠지만, 방송 일은 정말 사람이 중요하다. 연출, 조연출, 촬영감독, 조명감독, 메인작가, 보조 작가를 비롯해 수십 명의 스태프가 있으며, 그중 피디와 작가는 매일 만나 회의하고 토론하고 타협하고 설득하면서 하나의 목표를 향해 나아간다.

나는 사람의 이야기를 전하는 교양프로그램 일을 주로 했다. 취재할 사람을 정하여 면담하고 그 사람의 이야기를 대중에게 전하는 작가로서 사람의 마음을 얻고 사람을 설득하는 일은 나에게 가장 중요한 일이자 가장 어려운 일이었다.

반면 S피디는 누구든 처음 만나는 사람의 마음을 금방 사로잡았다. 그는 자신을 낮추고 희화화해 사람들을 웃게 하거나, 상대에게 늘 기분 좋은 칭찬을 건넸다. 자기를 웃게 해 주는 사람을 싫어할 사람이 어디 있을까. 늘 허허실실 웃고 있으니 어떤 때는 속이 없어 보이기도 했지만, 그가 가는 곳은 늘 웃음이 끊이지 않았다. 그 덕에 나도 사람들의 환대를 받았다.

그는 사람을 만날 때는 '허허실실', 일을 할 때는 '알아서' 스타일이었다.

"안 작가 생각은 어때? 이 부분은 이렇게 편집했는데 보고 어떤지 의견을 좀 줘."

"여기에 이런 해설이 들어가면 어떨까?"

"안 작가 생각이 맞겠지."

나뿐만 아니라 다른 스태프들에게도 마찬가지였다. 후배 촬영감독에게는 "알아서 잘 찍어 줘요.", 음악감독에게는 "알아서 음악 잘 골라 줘요."라고 했다. 그런 말을 들은 사람들은 S피디의 믿음에 걸맞은 결과물을 가져오고 싶어 안달했다.

나는 속으로 '상대방이 알아서 잘하지 못할 수도 있잖아?' '저렇게 사람을 다 믿어서 오히려 낭패 보면 어쩌려고.' '세상에는 게으른 사람도 있잖아.'라고 걱정하며 한참 윗사람인 그에게 "피디님, 그러시면 안 돼요."라고 훈수를 두기도 했다. 하지만 수많은 피디와 다양한 프로그램을 만든 후에야 그의 '허허실실'과 '알아서' 전략이 고도의 기술이었다는 사실을 깨달았다.

누군가로부터 신뢰를 얻으면 그 신뢰에 보답하고 싶은 마음이 생긴다. 나를 믿는 만큼 최선을 다하게 된다. 스스로 판단해 일하면 내가 한 일에 책임감을 가지게 된다. S피디와 일하는 동안 나는 방송프로그램의 주인이 나이고, 프로그램의 이익이 곧 나의 이익이라고 믿게 되었다. 그래서 늘 최고의 성과를 내고 싶었다.

그는 구성원 스스로가 프로그램의 주인이라는 생각을 하게 만드는 사람이었다. 실수나 실패에 관대했고 스스로 판단해 결정하는 일에 있어서는 최대한 자율성을 보장해 주었다. 그 과정에서 생기는 시행착오에 대해서 비난하지 않았다. 그와 함께 일하는 동안 나는 안전한 울타리 안에서 보호받는 기분이었다. 나뿐 아니라 모든 구성원이 공유한 믿음이었다. 한마디로 최고의 팀이었다. 최고의 리더와 함께 일한 덕분에 나는 무사히 초짜의 시기를 통과할 수 있었다.

물 들어올 때 노 젓기

 방송 일을 시작하고 몇 년 만에 프로그램 전체 원고를 쓰는 메인작가가 되었다. 프로그램을 기획하고 구성하는 작가가 되기까지 주변 사람들의 도움도 컸고 운도 좀 따라 주었다. 방송작가로 산 지 5년쯤 되었을 때 몇 개의 프로그램에서 동시에 의뢰가 들어왔다. 매주 한 편씩 스튜디오에서 녹화방송을 하는 정보 프로그램, 문화 인물을 다루는 다큐멘터리 형식의 프로그램, 법 관련 정보 프로그램이었다. 프로그램의 성격은 조금씩 달랐고 여의도와 도곡동과 목동 등 방송국 위치도 제각각이었다.

 "물 들어올 때 노 저어야지. 들어오는 거, 절대 마다하면 안 된다. 일이라는 게 차례로 오면 좋으련만, 그렇지 않더라고."

 냉혹한 프리랜서의 세계에 대해 늘 조언해 주던 선배들의 말이 떠올랐다. 나는 묻지도 따지지도 않고 덥석덥석 프로그램 제안을 받아들였다.

 글 공장의 기계를 돌리듯 나를 아낌없이 태워 프로그램 3개를 동시에 돌리는 생활이 시작되었다. 각 프로그램의 방송 시간표에 따라 소재를 찾고 면담자를 섭외했다. 피디와 회의를 한 후 촬영 방향을 잡고 구성안을 짜고 촬영이 끝나면 편집 구성안을 협의했다. 매번 방송할 거리를 찾아 헤매고 섭외하고 원고를 쓰고 돌아서면 또다시 원고를 써야 하는 일상이 쉼 없이 반복되었다.

　방송은 시청자와의 약속이다. 정해진 시간에 방송을 송출하는 건 방송쟁이들이 갖추어야 할 기본 중의 기본이다. 손을 다치면 입으로 쓰고 머리를 다치면 누군가의 머리를 빌려서라도 원고를 써내야 한다고 작가들끼리는 자조 섞인 농담을 하곤 했다. 방송 때문에 지인의 장례식장에 못 갔다는 후배 작가의 눈물 어린 고백, 원고 마감을 지키느라 공황장애가 왔다는 선배 작가의 한탄, 원고를 쓰다가 탈장이 왔다는 또 다른 선배의 이야기는 결코 과장이 아니었다.

　프로그램을 세 개나 덥석 수락한 대가로 나는 격주 일요일 밤 10시면 KBS가 있는 여의도로 출근해 밤새 원고를 썼다. KBS에서 맡았던 프로그램은 문화계 인물의 삶과 예술을 다큐 형식으로 보여 주는 프로그램이었다. 매력적인 오프닝과 여운 있는 엔딩을 쓰기 위해 나는 밤새 머리를 쥐어뜯으며 고민을 해야 했다. 밤 10시부터 새벽 6시까지 밤새 쓴 원고를 출력해 피디의 책상 위에 올려두고는 다음 장소인 목동 CBS로 향했다. 여의도에서 목동까지 가는 택시 안에서 잠깐 눈을 붙인 뒤 방송국 근처의 찜질방에서 두세 시간 더 잠을 보충했다. 오전 10시 방송 아이템 회의에 참석해 다음 방송을 논의하고 점심을 먹고 나면 다시 여의도로 향했다. 전날 밤 써 둔 원고를 피디와 함께 검토하고 이런저런 수정 사항을 반영해 최종적으로 원고를 고치고 넘기면 긴 하루가 그제야 끝났다. 스무 시간 남짓 일한 뒤, 집으로 향할 때면 입에서는 에구구 곡소리가 절로 났다. 기름칠이 벗겨진 기계처럼 온몸의 관절에서 삐걱거리는 소리가 들리는 것 같았다. 그래도 일을 멈출 수는 없었다. 컨베이어벨트에 올라탄 이상 계속 달려야 했다.

원고 마감일이 돌아올 때면 숨이 턱턱 막혔지만, 출연자의 이야기를 듣는 순간만큼은 즐거웠다. 조명이 켜지고 카메라가 돌아가면 출연자들은 연극 속 주인공처럼 자기 이야기를 술술 풀어냈다. 지난날의 시련을 이야기하거나, 시련 끝에 깨닫게 된 삶의 비밀을 말해 주기도 했다. 처음 만난 나에게 솔직하고 내밀한 자기 이야기를 들려주는 사람들과의 시간은 아름답고 매혹적이었다. 나는 방송의 가장 첫 시청자로서 다양한 사람들의 이야기를 통해 성장했다.

프로그램 여러 편을 작업하면서 경험도 쌓이고 돈도 쌓이고 일에 대한 자신감도 쌓여 갔다. 그런데 언제까지 이 생활을 계속할 수 있을까 점점 체력이 부치는 게 느껴졌다. 하루는 방송국 숙직실에 누워 노트북을 배 위에 올려놓고 원고를 쓰는 나에게 한 동료 작가가 말했다.

"일 많이 들어와서 돈 많이 벌면 뭐해요. 약값, 병원비로 다 나갈 텐데… 몸 버리기 전에 쉬엄쉬엄 일해요."

변화가 빠르고 쉽게 다른 사람으로 대체되는 방송가의 현실을 그녀 역시 잘 알고 있었다. 하지만 중요한 게 뭔지 잊어서는 안 된다고 그녀는 애정 어린 조언을 해 주었다.

흐르는 강물처럼 물이 계속 흘러 들어온다면 불안한 노질을 할 필요가 없을 것이다. 물 들어올 때 노 저어야 한다는 말은 물이 항상 들어오는 건 아니라는 뜻이다. 방송 일은 밀물처럼 들어왔다가 썰물처럼 빠져나간다. 그리고 썰물 때를 내가 정할 수는 없다. 일한 지 1년 만에 문화 프로그램에서 하차해야 할 때가 왔다.

"안 작가, 이번 개편으로 내가 제작부서가 아닌 다른 부서로 가게 됐네. 새로 이 팀에 오는 피디는 오랫동안 같이 일한 작가가 있다나 봐. 미안하게 됐어."

개편 소식을 전하는 피디는 뒷목을 긁으며 머뭇머뭇 말을 했다. 이별 통보다. 사랑 뒤 찾아오는 이별보다 어떤 면에서는 더 잔인하다. 함께 일했던 피디와의 헤어짐은 곧 한 달 생활비인 원고료가 끊긴다는 뜻이다. 실업자가 안 되려면 다른 프로그램을 찾아야 한다. 다른 팀 인사이동 상황을 알아보고 작가가 비는 자리를 파악해야 한다. 그의 말이 끝나기 무섭게 머리 한쪽으로 생존 레이더가 돌아간다. 동시에 마음 한쪽이 무겁고 텅 빈 것 같다. 6개월, 1년마다 찾아오는 이별 통지 앞에서 쿨해지는 건 말처럼 쉽지 않다.

서로의 필요에 따라 수시로 만났다 헤어지는 게 프리랜서 세계의 불문율이기에 담담하게 이별을 받아들이는 것만이 나를 지키는 일이다. 폭주 기관차처럼 달리던 일상에 작은 쉼이 찾아왔음에 만족하면서 말이다.

"그동안 감사했습니다. 나중에 다시 뵐 일 있으면 좋겠네요."

나는 웃으며 마지막 인사를 건넸다. 내 욕심대로 세상이 돌아가지는 않기에 속상해 할 필요도 능력을 의심할 필요도 없다. 웃으며 떠나는 게 내가 할 수 있는 최선의 인사였다.

인간에 대한 예의

　방송프로그램 일은 사람을 섭외하는 것에서부터 출발한다. 특히 토크나 강연 프로그램은 어떤 사람을 섭외해서 무슨 이야기를 끌어내는지가 프로그램 흥행의 칠팔 할을 차지한다. 출연자가 방송 출연을 승낙하지 않으면 첫 단추조차 끼울 수 없다.

　원로 영화감독이 진행하고 다양한 사람들이 출연해 인생 이야기를 나누는 좌담 프로그램을 맡았을 때였다. 다음 출연자를 물색하던 중 피디가 이거다 싶은 표정으로 말했다.

　"봉준호 감독 어때? 봉준호 감독 나오면 좋을 것 같아. 섭외해 보자."

　지금으로부터 이십 년 전에도 봉준호 감독은 '봉준호'라는 이름 석 자만으로 꽤 주목받던 감독이었다.

　영화 〈살인의 추억〉으로 일약 스타 감독이 되었던 그를 데려올 수만 있다면 나는 큰절을 수십 번 올리겠지만 속으로는 조금 시큰둥했다.

　"봉준호 감독이 나올까요?"

　연예인이나 유명인을 섭외하는 일의 어려움과 피곤함을 나는 잘 알고 있었다. 늘 일정이 꽉 차 있는 유명인의 섭외에 우리 프로그램이 비집고 들어갈 틈은 없었다. 너도나도 나가고 싶을 만큼 유명한 프로그램도 아니었고, 출연을 통해 얻을 명예로움이나 여타의 이익이 명확한 프로그램도 아니었기 때문이다. 그

나마 프로그램의 진행자가 영화계 원로 감독이라는 데 실낱같은 희망을 걸었다.

섭외할 때는 거절을 두려워하면 안 된다. 콜센터 상담원의 마음으로 수십 번의 거절을 들어도 꿋꿋하게 웃는 여유를 잃지 말아야 한다. 특히 유명인을 섭외할 때는 더욱 그렇다. 나는 영화사를 통해 봉준호 감독과 함께 일하는 조감독의 전화번호를 받아 통화를 시도했다. 그에게 프로그램의 취지와 진행자를 밝힌 뒤 봉준호 감독을 섭외하고 싶다는 뜻을 밝혔다.

"감독님이 다음 영화 준비하시느라 너무 바쁘세요. 안 될 가능성이 크지만, 한번 말씀드려 볼게요."

역시나 예상했던 답이 돌아왔다. '되면 좋고 아니면 할 수 없고'의 심정으로 섭외 전화를 돌려야 실망이 덜하다. 전화를 걸기 전에는 10퍼센트쯤의 기대감이 있었지만, 전화를 끊고 나니 기대감은 제로가 되었다. 바쁘다는 말에 이미 거절의 뜻이 담겨 있기에 나는 방송 수재 목록에서 봉준호 이름 석 자를 지우고 그다음 후보자들에게 섭외 전화를 이어 갔다.

며칠 뒤, 봉준호 감독과 함께 일하는 조감독으로부터 전화가 왔다.

"지난번 출연 건 관련해서 감독님이 통화하고 싶다고 하시는데 잠시만 받아 보시겠어요?"

잠시 뒤 익숙한 목소리가 들려왔다.

"안녕하세요? 저 봉준호라고 합니다. 프로그램 섭외 때문에 작가님이 전화하셨다고 들었습니다만, 제가 다음 영화 때문에 곧 해외에 출국하게 돼요. 초대해 주신 건 정말 감사합니다만 죄송하게도 출연은 어려울 것 같습니다. 정말 죄송합니다."

봉준호 감독은 저음의 나긋나긋한 특유의 목소리로 정중하고 깍듯하게 거절의 뜻을 밝혔다. 섭외 전화를 돌리다 보면 단칼에 거절하는 경우, 확실하게 답을 안 하는 경우, 묵묵부답인 경우, 하겠다고 해 놓고 막판에 거절하는 경우 등 다양한 반응과 마주한다. 흔히 유명인의 경우엔 매니저 같은 주변 사람들이 거절의 의사를 대신 전한다. 그래도 유명인이니까, 다들 바쁘니까 얼마든지 이해할 수 있는 일이다. 그런데 본인이 직접 전화를 걸어 솔직한 사정을 말하고 초대해 준 것에 감사를 표하며 섭외에 응하지 못한 미안함을 전하는 경우는 정말 드물다. 봉준호 감독의 말은 군더더기 없이 깔끔하면서도 상대에 대한 존중과 예의가 담겨 있었다.

"세상에나, 이런 거절이라면 몇 백 번을 당해도 황홀하겠다."

기분 좋은 거절이었다. 그로부터 한참 뒤, 나는 그가 해외 영화제에서 수상한 뒤 무릎을 꿇고 송강호 배우에게 트로피의 영광을 바치는 장면을 보았다. 일면식도 없는 수화기 너머의 나에게도 인간 대 인간으로서 최대한의 예의를 다했던 그라면 당연히 그럴 법한 모습이었다.

밤 운전을 하듯 인생을 산다면

 운전을 처음 시작했을 때 가장 곤혹스러웠던 것은 한밤중에 국도를 달리는 일이었다. 그래도 어쩔 수 없이 밤 운전을 해야 하는 어느 날이었다. 고속도로와는 달리 가로등이 부족한 국도는 들짐승의 목구멍처럼 새카맣고 고요했다. 어둡고 낯선 초행길을 달리면서 두려움은 점점 더 커져 갔고 뒤에 누군가 있는 것처럼 등이 서늘했다. 두려움을 떨치기 위해 혼잣말을 하고 몇 번이고 전조등을 껐다 켜 봤지만 당장 몇 미터 앞만 볼 수 있을 뿐이었다. 막막함과 두려움을 누른 채 목적지까지 달릴 수밖에 없었던 밤, 어깨를 잔뜩 웅크린 채 운전대를 잡고 목적지에 도착한 뒤에야 안도의 한숨을 내쉬었던 그날의 기억은 꽤 오랫동안 강렬하게 남았다.

 밤 운전이 힘들었던 이유를 나는 초보 딱지를 뗀 후 알게 되었다. 너무 많은 것을 보려는 욕심 때문이다. 어둠이 가린 사물은 인간의 눈으로 볼 수 없는데 모든 걸 훤히 보고 싶은 마음 때문에 불편과 불안에 시달렸던 것이다. 모든 걸 보려고 욕심내지 않고 전조등이 비추는 만큼만 보면서 가면 결국 목적지에 도달한다는 것을 나는 운전 경험이 꽤 쌓인 후 알게 되었다.
 글쓰기도 그렇다. 더듬거리면서 한 문장 한 문장 쓴다. 앞으로 어떻게 글이 펼쳐질지 알 수 없다. 글을 쓰기 전에는 이 글이 나를 어디로 데리고 갈지 알 수 없기에 처음부터 끝을 생각하는 것은 어리석은 일일지 모른다. 생각한 대로 글이 펼쳐질 리 만무하고 설령 계획한 대로 쓴다 한들 샛길로 빠져 쓴 글보다 더 좋으리란 보장도 없다. 답답함과 막막함을 이겨 내면서 한 문장 한 문장 정직하게 쓰는 것만이 유일하고도 확실한 글쓰기의 비결이다.

글쓰기만 그럴까, 일도 인생도 그렇다. 방송 일을 하면 할수록 나는 몇 년째 계속되는 어둠 속에서 밤 운전을 하는 기분이었다. 방송프로그램은 철저하게 시장 논리에 따라 생겨났다 사라진다. 시청률과 광고 수익에 민감할 수밖에 없고 아무리 공들여 프로그램을 만들어도 시청률이 나오지 않으면 존폐의 위기에 처한다. 그래도 시청률은 대중들로부터 받는 사랑의 객관적인 지표이기에 수긍할 수 있다. 시청률이 잘 나오는데도 개편 즈음에 소리 소문 없이 폐지되는 프로그램도 있다. 방송국 내부의 복잡하고도 정치적인 사정이 있다는 소문만 한참 뒤에 들려올 뿐이었다.

내가 통제할 수 없는 것들에 의해 내 삶의 많은 부분이 결정되는 환경 속에서 나도 변해야 했다. 교양프로그램의 숫자가 줄고 많은 프로그램이 예능화되는 외부의 변화는 강한 압박감으로 다가왔다. 그동안 주로 했던 문화나 교양, 다큐멘터리 프로그램이 아닌 시사 프로그램에 도전해 보았지만 쉽사리 기회가

오지 않았다. 대학원에 가서 공부를 좀 더 하거나 방송 경력을 살려 다른 분야로 이직할까 생각도 해 보았다. 그러는 동안 여행 잡지사로부터 이직 제의도 받고 동화 집필 의뢰도 받았지만 고민 끝에 모두 거절했다. 방송작가로서 내 가능성을 좀 더 펼쳐 보고 싶은 마음 반, 내가 정말 원하는 걸 아직 찾지 못했다는 마음 반 때문이었다. 밤 운전 끝에 깊은 터널까지 만난 기분이었다.

그때는 몰랐다. 아무리 짙은 어둠이라도 새벽은 어김없이 찾아온다는 것을. 끝없이 이어지는 터널은 없다는 것을. 지지부진 써지지 않는 글도 한 문장 한 문장 쓰다 보면 결국 마침표를 찍게 된다는 것을. 처음부터 모든 걸 다 계획할 필요도, 미리부터 불안해 할 필요도 없다는 것을 그때는 몰랐다. 내가 그리는 인생의 큰 그림이 어떻게 완성될지는 누구도 모른다. 전조등이 비추는 만큼, 딱 그만큼만이라도 나아간다면 목적지에 도달할 수 있다는 것을 나는 아주 우연한 기회에 알게 되었다.

서른 셋의 입시생

"너 J 아니니? 너무 오래만이다."
"와! 진짜 어떻게 이렇게 만나니?"
햇살이 점점 뜨거워지는 여름의 초입, 뭐라도 더 배워 둬야 할 것 같아 방송국 근처의 한 영어 회화 학원을 등록했다. 그곳에서 우연히 대학 동아리 친구 J를 만났다.

J와 나는 학과는 서로 달랐지만 대학에서 같은 동아리 활동을 하며 가깝게 지냈다. 대학 졸업 후 그녀는 유명한 극단에서 홍보 일을 했고 그녀가 홍보한 연극은 유례없는 흥행을 거두었다. 나는 방송 일로 그녀는 공연 홍보 일로 각자 바삐 살며 서로 연락이 뜸하던 중 우연히 그녀가 노량진 편입 학원을 다니고 있다는 소식을 들었다. 교육대학에 편입하기 위해서 다시 입시 준비를 하고 있다는 것이었다. 그 소식을 들은 나는 '나라면 절대 못할, 아니 하지 않을 선택'이라 생각했다. 대한민국에서 입시생으로 살아 본 사람이라면 잘 알 것이다. 자유로운 일상으로부터 자신을 가두고 절제하며 매번 자기와의 싸움을 해야 하는 삶. 한 번은 어쩔 수 없이 했지만 두 번은 절대 하고 싶지 않은 게 입시생으로 사는 일이다. 게다가 한참 일하고 경력을 쌓아야 할 나이에 다시 입시를 준비하고 대학을 간다는 건 경제활동의 기회를 날리는 손해가 막심한 선택처럼 보였다. 그 뒤 나는 곧 J

를 잊었고 몇 년의 시간이 흘렀다.

드문드문 들리던 J의 소식이 끊겼을 무렵 우연히 여의도에서 그녀를 만난 것이다. 우리는 근처 카페에 앉아 서로의 근황을 이야기했다.

"서울교대 편입한 뒤에 임용고사 합격해서 여의도에 있는 한 학교로 발령받았어. 솔직히 너무 좋아. 아이들이랑 교실에서 지내는 거 너무 즐거워."

J는 환하고 밝게 웃고 있었다. 행복한 사람 옆에 있으니 행복에 고스란히 전염되는 기분이 들었다. 나는 헤벌쭉 웃으면서 한 시간 남짓 그녀의 교직 생활에 대한 이야기들을 들었다. 그녀의 성취와 행복에 함께 기뻐한 뒤 집으로 돌아가는 길, 여러 가지 생각이 들었다.

'나는 왜 새로운 도전을 어렵고 힘든 것이라고 생각했을까?'

'나는 새로운 일을 하기 위한 준비 과정을 왜 기회비용을 날리는 일이라고만 생각했을까?'

'나는 왜 도전하지 않지? 나는 도전을 감내할 용기가 없나?'

'방송국에서의 내 지난 경력이 아까운가? 나는 왜 과거만을 볼까?'

나에 대한 반성이 꼬리에 꼬리를 물었다. 현실에 만족하지 못한 채 끌려다니듯 살고 있으면서 바뀌지 않는 나. 고민만 할 뿐 실제로 행동하지 않는 나. 머리를 연타로 얻어맞은 것 같은 반성이 들었다. 꿈을 위해 들이는 시간과 노력을 낭비라고 여겼던 생각이 내 발목을 잡는 족쇄였음을 그때야 깨달았다.

사춘기 시절 흠모했던 영어 선생님, 첫사랑 고민을 털어놓았던 음악 선생님, 피아노를 멋있게 치던 국사 선생님 등 내가 만났던 선생님들이 떠올랐다. 선생님들은 대부분 멋있고 나에게 친절했지만 나는 교사가 되고 싶다고 생각했던 적이 단 한 번도 없었다. 그런데 친구와 대화를 나누면서 교직에 대한 호기심이 생겨났다. 참 신기한 일이었다.

방송 일은 내가 학창 시절부터 꿈꿔 왔던 일이다. 오랫동안 꿈꿔 왔던 일을 하면서 나도 몰랐던 나에 대해서 알게 되었다. 나는 일에서 재미를 추구하지만, 그 일이 의미 있다고 여겨야 어려움을 견딜 수 있다는 것. 나는 변화무쌍한 환경보다는 예측 가능한 환경에서 능력을 잘 발휘할 수 있다는 것. 나는 변화를 좋아하지만 안정도 추구한다는 것. 나는 그만큼 일에서 기대하는 것이 많은 복잡하고 까다로운 사람이었다.

아이들을 가르치는 일은 재미있는 일인 동시에 의미 있는 일이다. 다양한 수업을 준비하는 과정은 재미있고 교육을 통해 의미도 실현할 수 있는 일이다. 교사는 교육과정과 학교 시스템 안에서 안정적으로 교육활동을 하지만 매해 아이들이 바뀌고 매번 다른 수업을 한다. 직업적 안정성이 보장되지만 교실 속 삶은 늘 역동적이고 변화무쌍하다. 생각이 여기에 이르자 교직이 더 깊숙이 마음에 들어왔다.

학교를 졸업한 뒤 다시 학교로 돌아갈 거라 생각해 본 적이 단 한 번도 없었다. 그런데 다시 학교로 돌아가는 꿈을 꾸고 있었다. 단 한 번도 떠올려 본 적 없는 새로운 꿈에 설레었다. 인생은 참 알 수 없는 것이란 생각이 들었다.

나는 교사가 되기 위한 정보와 자료를 모았다. 교대 입시 카페에 가입하고 틈틈이 방송국 건물 지하에 있는 서점에 들러 문제집을 살펴봤다. 그리고 그해 가을 함께 일하는 피디에게 선언했다.

"저 겨울 특집 방송프로그램까지만 하고 쉬려고요."

방송 일을 쉬겠다고 했을 때 사람들은 하나같이 이유를 궁금해 했다.

"저, 수능 봐서 대학 다시 가려고요."

"뭐? 왜?"

의아함과 놀라움, 부정적인 반응이 대부분이었다. 내가 J의 소식을 맨 처음 들었을 때와 같은 반응이었다. 그렇게 나는 서른 셋에 수능을 준비하는 입시생이 되었다.

인생 2막을 여는 필요충분조건

"다시 대학을 가는 것만이 길은 아니잖아."

직장인의 꿀맛 같은 점심시간, 메뉴판에 코를 박고 뭘 먹을지 고심하고 있는 나에게 선배 작가 언니가 말을 이었다.

"대학원을 갈 수도 있는 거고. 가르치는 일이 꼭 하고 싶다면 대안학교 같은 곳은 어때? 꼭 교대를 나오지 않아도 가르치는 일은 할 수 있잖아."

"음, 언니 말도 맞지만…. 나는 이미 마음을 정했어. 김치찌개 2인분에 계란찜도 시키자."

"하… 참, 그거 말고."

"나 오늘 김치찌개가 너무 먹고 싶었다고."

언니는 기가 막힌다는 듯 헛웃음을 쳤다. 일을 그만두고 수능을 준비하겠다는 나를 이해할 수 없다는 반응이었다. 하지만 오늘 점심에는 꼭 김치찌개를 먹고야 말겠다는 마음처럼 교육대학에 가겠다는 마음은 흔들리지 않았다.

점심시간이면 쏟아져 나온 직장인들이 몰려드는 곳인 만큼 음식을 시킨 지 얼마 되지 않아 빠르게 상이 차려졌다. 김치찌개를 한 입 떠서 넣자 매콤하고 새콤하면서도 달달한 맛이 침샘을 자극하면서 식욕에 불을 당겼다. 나는 밥 한 숟갈을 얼른 떠서 넘기며 말했다.

"일단 한 번 해 보고, 안 되면 다시 방송 일 하면 되지."

나는 선배 작가 언니를 향해 씩 미소를 지었다. 목표를 향해 최선을 다하겠지만 결과는 알 수 없는 일이다. 어떠한 결과가 나오더라도 겸허하게 받아들이겠다고 다짐했다. 오래 망설였던 탓인지 몰라도 더 이상 고민하고 싶지 않았다. 여기서 멈춘다면 평생 후회할 것도 같았다. 마음을 정하고 나니 신기하리만치 평온했다. 연말 특집 방송프로그램을 마지막으로 나는 방송국을 떠났다. 발걸음이 후련하고 가벼웠다.

사람들이 북적이는 방송국으로 출근해 방송 아이템을 고민하며 하루를 보내는 게 아니라 조용한 독서실에서 인터넷강의를 듣고 문제집을 푸는 삶이 시작되었다. 입시생의 생활이 나에겐 마치 삶의 쉼표 같았다. 공부하다 근처 공원을 산책하는 것도 좋고 바람을 쐬며 혼자 커피를 마시는 것도 좋았다. 늘 북적이는 방송국을 벗어난 것도 좋고 방송 일정에 따라 움직이는 게 아니라 내가 계획한 시간표에 맞춰 공부하는 것도 좋았다. 작가 생활 8년 만에 얻은 휴가다운 휴가 같았다.

나는 독서실 책상에 그림을 하나 붙여 놓았다. 칠판 앞에서 아이들을 가르치는 나의 모습을 가볍게 스케치한 그림이었다. 공부하는 게 지겨워질 때는 그림을 보면서 마음을 다졌다. 1월부터 5월까지는 월요일부터 토요일까지 공부했고 6월부터는 일요일 오후에도 독서실에 나가서 공부했다. 수능이 다가오면서부터는 하루 13시간 꼬박 문제집을 풀었다. 독서실에 처박혀 있는 나를 두고 모두 부정적으로 말할 때, 나의 꿈을 유일하게 지지해 준 사람은 남편이었다.

"인생 1막을 방송작가로 살았다면 인생 2막은 교사로 사는 것도 참 좋은 일 같아. 한 가지 일만 하면서 사는 것보다는 훨씬 다채롭고 도전적인 인생이잖아. 그 자체로 참 좋은 인생이란 생각이 들어."

남편의 지지와 응원에 힘입어 나는 지치지 않고 수능 공부를 할 수 있었다.

어느덧 수능을 코앞에 앞둔 10월 말이 되었다. 밤새 어지럽게 꿈을 꾸다 이른 아침, 잠에서 깼다. 머리에 손을 대 보니 살짝 열감이 느껴졌다. 젖은 솜처럼 무거운 몸이 평소와 다르게 느껴져 혹시나 싶은 마음에 임신테스트기를 집어 들었다. 선명한 두 줄, 임신이었다.

"여보, 나 임신했나 봐!"

"에이, 거짓말! 진짜야?"

남편은 믿을 수 없다는 반응이었다. 그럴 수밖에 없었던 게 결혼하고 3년 동안 우리 부부는 아이를 갖기 위해 나름 애를 썼지만 잘되지 않았다.

"임신한 건 너무 기쁜데, 시기가 참 절묘하다. 몇 주 후면 곧 시험인데 말이지."

기쁘면서도 마냥 기뻐할 수만은 없는 상황이었다. 새로운 도전을 하면서 엄마 역할까지 잘할 수 있을지 걱정스런 마음도 들었다. 하지만 미래를 그려 보는 시간은 대체로 설레고 행복했다. 목표를 향해 한 걸음씩 가고 있었고 원하던 아이도 얻게 되었기에 나는 모든 게 다 잘될 거라 믿기로 했다.

    당장 눈에 보이는 성과가 없어도, 내 노력이 어떤 결실을 맺을지 알 수 없어도 잘살고 있다고 최면을 걸었다. 간절하게 꿈꾸고 긍정적인 결과를 상상하는 것 외에는 내가 할 수 있는 것이 별로 없었다. 불확실한 삶에서 우리가 가져야 할 삶의 태도는 이것 외에는 없지 않을까. 두려워하지 않고 새로운 삶을 기대하는 것이 교사로서 엄마로서 인생 2막을 여는 필요충분조건이었다.

학부모 출입 금지

집과 독서실만을 오가던 생활이 끝나고 드디어 그날이 왔다. 직장인들 출근 시간을 한 시간씩 미룰 정도로 온 국민의 관심과 배려가 집중되는 그날. 바로 수능 날이다. 수능을 며칠 앞두고 TV를 틀면 수능일 날씨와 신종플루에 대한 뉴스가 계속 흘러나왔다. 신종플루의 전염력과 심각성은 2019년 코로나에 비하면 미미했지만 임산부였던 나에게는 다소 신경이 쓰이는 문제였기에 나는 대중교통 대신 자가용을 이용해 수험장으로 향했다.

차를 타고 집 앞 도로를 빠져나와 큰길로 들어설 무렵, 아차 싶었다. 수많은 차로 엉켜 있는 도로의 모습이 평소와는 다른 생경한 풍경이었다. 늘 한산했던 도로는 차로 꽉 막혀 있었고 좀처럼 앞으로 나아가지 못했다. 슬금슬금 나아가는 차 안에서 처음엔 시답지 않은 농담을 남편과 주고받았다. 하지만 시간이 갈수록 점점 초조해졌고 남편도 나도 말수가 줄어들었다. 몇몇 학생들이 오토바이를 탄 경찰관 등에 매달려 가는 게 보이자 내 마음도 심하게 요동쳤다.

'오토바이를 잡아탈까, 아니면 좀 더 기다려 볼까?'

'나는 오늘 수능 시험을 볼 수 있을까?'

시험을 치르기도 전에 예상치 못한 시험대 앞에 놓인 기분이었다. 내 운명을 관장하는 신이 우물쭈물 고민하는 것만 같았다. 도로에 갇힌 몇 분의 시간 동안 지난 1년이 주마등처럼 스쳐 지나갔다. 추운 겨울인데도 등골에 땀이 맺히는 느낌이 들기 시작할 때 도로의 숨통이 조금씩 트이기 시작했다. 남편은 얌체처럼 이리저리 차선 변경을 하다가 교문이 보이는 곳에 이르자 차를 세웠다.

"여기서 내려서 뛰어가."

시험 시간이 임박해서야 나는 가까스로 차에서 내릴 수 있었다. 활시위를 떠난 활처럼 발바닥에 불이 나듯 뛰고 또 뛰어 교문 근처에 이르자 자녀를 막 수험장으로 보낸 부모들의 모습이 보였다. 뉴스 속 수험장은 늘 인파로 가득했는데 이상하게도 그곳은 개점휴업한 식당처럼 한산했다. 싸늘한 느낌에 다시 보니 교문이 서서히 닫히고 있었다.

"잠깐만요! 저 들어가야 해요!"

나는 다급하게 외쳤다. 듬성듬성 학교 주변을 서성이던 사람들이 일순간 나를 쳐다보았다. 나는 온몸으로 교문을 밀면서 필사적으로 운동장 안에 발을 들여놓았다.

"거참. 학부모님 출입 금지예요!"

"저 학부모 아니에요! 오늘 수능 시험 보러 온 학생이에요!"

서슬 퍼런 나의 외침에 학교 당직 기사님은 놀란 얼굴이었고, 나는 막 닫히기 직전의 교문 틈에 몸을 욱여넣어 운동장을 가로질러 뛰었다. 뛰는 사람은 나뿐이었다. 휑한 운동장은 망망

대해와 같이 넓었다. 나는 그날 닫히는 교문을 밀고 들어간 마지막 수험생이었다.

건물에 겨우 다다른 뒤 두 계단씩 뛰어 올라갔다. 고사실 문을 열자 꽉 찬 학생들 사이에 덩그러니 비어 있는 한 자리가 눈에 띄었다. 가쁜 숨을 몰아쉬며 자리에 앉자마자 시험 감독관이 다가와 신분증을 요구했다. 신분증을 확인한 그가 말했다.

"하마터면 시험 못 보실 뻔했어요. 1분만 더 늦었다면 시험장 못 들어오셨을 거예요."

그의 말이 끝나자마자 딩동댕 종소리가 울렸고 나는 한참 동안 쿵쿵 뛰는 내 심장소리를 들으며 1교시 시험을 치렀다.

최고령 수험생이자 마지막으로 입실한 수험생이었던 나는 교문을 통과하기 위해 필사적으로 달렸다. 무언가를 위해 그날만큼 필사적으로 전력 질주를 했던 적이 있었던가. 간절한 마음으로 달렸던 그날 덕분에 깨달은 것이 있다. 최선을 다해 하나의 길을 달리다 보면 또 다른 길이 열린다는 것. 매일 아침 활짝 열린 교문을 드나들면서 나는 가끔 그날의 전력 질주를 생각한다.

선생 똥은 개도 안 먹어

1996년에 나는 대학 신입생이었다. 갓 스무 살이 된 내 눈에 비친 대학은 밤새 술을 마시며 문학을 논하고 사회를 비판하는 삐딱한 청춘들로 가득한 곳이었다. 꿈을 찾기 위해 시간을 허비하는 것이 충분히 허용되던 시절, 몇 날 며칠을 폐인처럼 살아도 젊다는 이유로 용인되었다. 학점 경쟁 따위는 없고 오히려 수업을 빼먹고 도서관을 헤매는 게 더 큰 공부라 여겼던 시절이었다. 불안과 막막함을 안고 사는 청춘들에게 대학 4년은 하늘이 내려 준 인생의 유예기간 같았다.

1996년으로부터 14년의 시간이 지난 2010년, 나는 두 번째 대학생이 되었다. 십 년이면 강산도 변한다는데 강산이 한 번 변하고도 남는 시간 동안 방송작가로 살다가 결혼하고 임신하고 다시 학생으로 돌아온 것이었다. IMF 때문에 선배들이 취업에 어려움을 겪는 것을 보고 99년 세상이 멸망할 거라고 떠들어 대는 사람들도 보고 무사히 2000년을 맞이한 것에 감개무량했던, 아주 옛날 사람이 2010년 신입생이 된 거였다. 풋풋한 스무 살의 신입생들 사이에 끼어 있는 아줌마 장수생. 게다가 임산부였던 내 눈에 2010년 대학생의 삶은 참 퍽퍽해 보였다. 학생들은 꽉 짜인 시간표에 맞춰 강의실을 바삐 돌아야 했고 과목별로 시험과 조 모임이 가득했다. 교육대학이라는 특수성이 있었고 이곳을 택한 학생들에게는 명확한 목표와 계획이 있었다. 무엇보다 지역에서 가장 똘똘하고 성실한 아이들만 고운체로 걸러져 온 듯 어린 동기생들은 성실하고 유능했다. 삶을 낭비할 이유도 여유도 없어 보였다.

지도교수님은 카리스마가 뚝뚝 넘치는 여자 교수님이었다. 흘러내린 머리카락 한 올 없이 정갈하게 빗어 올린 머리 스타일도 나름의 계획과 이유가 있어 보였다. 강의며 생활이며 모든 면에서 철두철미한 사람이었다. 수업은 늘 알찼고 딴생각이 나지 않을 만큼 재미있었다. 아니 교수님은 우리가 조금이라도 딴생각에 빠지는 걸 허용하지 않았다. 질문이 끊임없이 이어졌고 질문에 답하지 못하면 호된 꾸짖음이 돌아왔다. 딴생각을 하려야 할 수 없을 만큼 긴장감이 넘쳤던 수업에서 조금이라도 흐트러진 모습을 보이면 교수님의 불같은 호통이 어김없이 날아왔다. 하루는 교수님이 이런 말씀을 하셨다.

"선생 똥은 개도 안 먹어. 너희도 선생이 되어 보면 알 거야. 선생으로 사는 일이 얼마나 속 썩는 일인지."

성실하고 유능한 학생들을 가르치는데도 속이 썩을까. 사회에서 만났던 수많은 사람 중 이만큼 성실하고 유능하고 게다가 착한 사람이 얼마나 있었던가. 우리 과 학생들은 어디 내놓아도 부모님의 자랑이 될 만한 모든 걸 갖춘 팔방미인 같은 학생들이었다. 반짝반짝 빛이 나는 제자들만 둔다면 가르치는 일은 보람으로만 가득할 것 같은데…. 속이 까맣게 썩을 일 따위는 없을 것 같은데, 아마도 교수님 속은 그렇지 않았나 보다.

교수님은 제자들이 낙오할까 봐 늘 걱정하셨다. 모두 훌륭한 교사가 되는 것만이 당신의 유일한 소망이라는 말씀을 덧붙이시면서 말이다. 늘 전전긍긍하며 아끼고 살피는 마음. 이런 마음으로 매일을 산다면 교수님 속은 정말 새카말 것도 같았다.

그런데 사실 그 당시 내 속도 조금은 새까맸다. 수능을 볼 무렵 찾아온 아기는 뱃속에서 무럭무럭 자랐고, 미리 계획한 것이 아닌데 출산일은 기가 막히게도 방학 때였다. 7월 초 출산이라는 말을 들었을 땐 아이가 엄마의 새로운 인생을 도와준다는 생각마저 들었다. 나는 뱃속에서부터 효자인 아들 덕에 1학기를 꽉 채워 학교에 다녔고 방학을 하자마자 출산했다. 딱 50일을 쉰 뒤 2학기를 맞이한 이후로 고난의 행군이 시작되었다.

아이는 먹는 것도 자는 것도 영 시원찮았다. 자주 깨고 자주 울었고 나는 밤새 잠을 설쳤다. 허겁지겁 일어나 대충 세수만 한 초췌한 얼굴로 학교에 갔고 학교에서 수업을 들을 때면 집에 두고 온 갓난아이 얼굴이 떠올라 마음이 무거웠다. 학교 근처에 집을 마련한 뒤 낮에는 학교에서 수업을 듣고 공강 시간에는 집에 와서 모유를 짰다. 아이 돌보미 이모님의 품에 안겨 있는 아이를 잠시 본 뒤 학교에 돌아갈 때면 내가 과연 잘살고 있는 건가 스스로에게 묻기도 했다. 오후에 이모님이 돌아간 뒤에는 아이를 돌보며 틈틈이 과제와 조 모임을 했고 시험 기간에는 유모차를 밀면서 교과 내용을 요약해 외웠다.

늦깎이 교대생이 된 것도 엄마가 된 것도 모두 태어나 처음 해 보는 일이었다. 문제는 둘 다 나에게는 난이도 최상에 해당하는 일이라는 것이었다. 아이를 안고 있으면서는 과제 걱정을 했고 조 모임을 하면서는 아이 걱정을 했다. 학교생활을 하느라 아이를 충분히 돌보지 못했고 아이가 엄마를 찾을 때 곁에 있어 주지 못했다. 아이가 조금이라도 아프거나 울면 속이 새카맣게 탔다. 한 사람을 길러 내는 일은 그렇게 속을 까맣게 태우는 일이었다.

'선생 똥뿐 아니라 엄마 똥도 개는 안 먹을 거야.'

그래도 쌔근쌔근 천사처럼 자는 아이를 보면 행복했다.

'내 속이 좀 타면 어때. 나는 껍데기일 뿐인데. 너만 잘 클 수 있다면 새카맣게 타서 재가 된들 어떨까.'

나를 태운 재를 거름 삼아 아이는 성장한다. 사람을 길러 내는 일은 그만큼 어렵고 힘든 일이다. 하지만 기꺼이 하고 싶은 일, 한 번쯤은 꼭 해 보고 싶은 일, 다시 태어나도 선택할 그런 일이 사람을 길러 내는 일이라고 잠자는 아이를 보며 생각했다.

2

나를 키운 학교

Courage to Rewrite

교사가 되어 가는 과정이라는 교감선생님의 말을 나는 시간이 좀 더 흐른 다음 이해하게 되었다. 교사 발령을 받고 교사의 신분으로 살고 있지만 나는 아직 진짜 교사가 된 것은 아니었다. 교사로 사는 한 나는 늘 교사가 되어 가는 길 위에 서 있을 것이다.

세상의 모든 옆 반 선생님

　남들은 중견 교사가 되었을 서른 여덟의 나이에 초임 교사가 되었다. 학교로 첫 출근을 했던 날 나는 교무실로 온 전화를 교실에서 돌려받는 일조차 할 줄 몰라 쩔쩔맸다. 쏟아지는 교내 메시지에 답하느라, 벌떼처럼 달려드는 아이들의 요구사항에 귀 기울이느라, 새로운 일터에서 식은땀을 흘리며 허둥댔다.

　'도대체 나이를 어디로 먹은 거야?'

　스스로가 한심하게 느껴질 만큼 학교는 전혀 새로운 일터였다. 매일 쓰나미처럼 일들이 밀려왔고 학생들은 잠시도 나를 가만히 두지 않았다. 교실에 아이들이 있을 땐 늘 얼이 빠져 있었고, 나갔던 정신이 가까스로 돌아올 때면 퇴근 시간이 훌쩍 지나 있었다. 바짝 긴장하고 살아도 업무는 실수투성이였다. 젊은 교사라면 귀엽게라도 봐주겠지만 나이 많은 교사가 하는 실수는 민폐 중에 최상급 민폐였다.

　"저 나이만 많았지, 완전 초짜예요. 하나부터 열까지 다 배워야 해요."

　알림장에는 도대체 무슨 말을 써 주어야 하는지부터 공문 쓰는 법까지, 교직 생활의 A부터 Z까지 옆 반 선생님들에게 물었다. 다들 바쁘고 정신없는 학교에서 매번 시시콜콜한 것까지 물어봐대는 내가 귀찮을 법도 한데, 내가 만난 모든 '옆 반' 선생님들은 나의 요청에 하던 일을 제쳐 두고 도와주었다.

한 학년이 3학급인 학교에서 만난 L선생님은 옆 반 선생님이었다. 퇴직이 얼마 남지 않은 원로 교사 L선생님과 나 그리고 교무부장님이 동학년 선생님의 전부였던 때, 이제 겨우 신규 교사를 면한 나는 학년 교육과정 업무를 맡게 되었다. 안 그래도 학교 일이 익숙하지 않은데 교육과정 업무까지 하려니 매일 머리가 아팠다.

"나같이 나이 많은 사람이 동학년을 하게 돼서 미안하네. 힘든 점 있으면 언제든지 얘기해."

L선생님은 자신이 나이가 많다는 것을 무척이나 미안해 하셨다. 그런 L선생님을 생각할 때마다 가장 먼저 떠오르는 것이 있다. 바로 목장갑이다.

교직은 머리와 몸, 마음 모두를 사용하는 일이다. 수업 연구나 생활지도 등 각종 업무에서부터 각 교과 수업을 하고 아이들을 인솔하려면 적잖은 체력이 필요하다. 학교에 처음 왔을 때 가장 놀랐던 점은 생각보다 학교에는 몸을 써야 하는 일이 많다는 것이었다. 교실의 책걸상을 나르는 일, 학기마다 교과서나 학습 준비물을 나르는 일, 새 학기면 언제 불어났는지 놀랍기만 한 교실 짐을 싸서 이사를 가는 일, 교실 대청소를 하는 일, 아이들과 텃밭을 가꾸는 일, 체육 시범을 보이는 일 등 체력이 필요한 일들이 꽤 많았다.

새 학기 이사를 하거나 무거운 교과서를 나르고 나면 팔과 허리가 쑤셔 왔다. 하지만 L선생님은 힘을 써야 하는 일이 생기면 부리나케 목장갑을 끼고 앞장섰다. 나보다 먼저 교과서를 나르고 나보다 더 늦게까지 연구실의 학습 준비물 정리를 하셨다. 체력적으로 꽤 힘에 부쳤을 텐데도 전혀 티를 내지 않았고 무언가를 더 했다고 생색내지도 않으셨다. 그런 선생님의 모습은 존재만으로도 큰 힘이 되었다. 40학급이 넘는 큰 학교에서 P선생님을 만났다. 나보다 열 살 가량 어린 P선생님은 '홍반장' 같은 사람이었다. '어디선가 누군가에게 무슨 일이 생기면 틀림없이 나타난다'는 영화 〈홍반장〉의 카피처럼 P선생님은 동학년 선생님들 교실을 다니면서 불편한 점이나 힘든 점을 해결해 주었다. 우렁이 각시처럼 연구실을 남몰래 청소해 두거나 학부모 민원을 상대하는 나를 대신해 우리 반 아이들 급식지도를 해 주기도 했다. 아침마다 커피를 사서 선생님들에게 대가 없이 베푸는 그는 사람들에게 늘 소소한 행복을 주었다.

학기초 새로운 교실을 배정받은 뒤, 컴퓨터 윈도우를 포맷해 버리는 바보 같은 짓을 저지른 적이 있었다. 새 학기를 위해 만들어 둔 파일들을 모두 날린 것도 속상하지만 당장 오늘 중으로 처리해야 할 급한 업무를 할 수 없어 애가 탔다. 나는 P선생님에게 부탁해 학교 컴퓨터 관리 업체에 가까스로 수리 접수를 했다. 그동안 작업한 파일들을 날린 게 아까워 미칠 노릇이었지만 어쩌랴, 머리가 나쁘면 몸이 고생하는 수밖에 없었다. 날린 문서는 야근하면서 완성하면 될 일이었다. 컴퓨터 수리 기사가 빨리 와 주기만을 바라면서 설렁설렁 교실 정리를 하고 있는데 수리 기사가 아닌 P선생님이 헐레벌떡 교실로 왔다.

"선생님, 저한테 몇몇 프로그램 설치 파일이 있어요. 제가 깔아 드릴 수 있는 프로그램들은 좀 깔아 드릴게요."

홍반장처럼 눈앞에 짜잔 나타난 P선생님은 가쁜 숨을 몰아쉬더니만 컴퓨터 앞에 앉았다.

"수리 기사가 곧 올 텐데요. 저 좀 기다려도 괜찮아요."

"아니에요. 너무 답답하고 속 타잖아요. 새 학기라 할 일도 많은데 뭐라도 도와드려야죠. 저도 곧 회의가 있어서 오래는 못 도와드리고 10분 동안만이라도 얼른 도와드리고 갈게요."

작은 시간이라도 그만큼의 마음을 내어놓는 일은 결코 쉬운 일이 아니다. 나는 이런 특별한 마음을 그동안 넙죽넙죽 참 많이 받아 왔다.

'선한 나눔이 몸에 밴 사람들'

교직에 처음 왔을 때 가장 인상적이었던 것은 자신이 알고 있는 것들을 아낌없이 베풀고 돕는 선생님들의 모습이었다. 동료에게 대가 없이 나누고 순수하게 돕는 모든 '옆 반' 선생님 덕분에 나는 무사히 교직에 적응할 수 있었다.

힘을 빼야 보이는 것들

"글에 힘이 너무 많이 들어가 있어."

대학 시절 내 소설을 본 선배가 한 말이었다. 나는 화들짝 놀라 되물었다.

"그걸 어떻게 알아요?"

실제로 나는 그 소설을 무척 힘들게 썼다. 글은 안 써지는데 욕심만 많아서 진도가 잘 나가지 않았다. 그런 내 모습을 지켜보고 있었던 게 아닐까 싶을 정도로 나를 속속들이 아는 선배가 놀라웠다. 무엇보다 내 글에서 나쁜 습관이 보인다는 지적에 뜨끔했다.

문예창작학과 수업에는 합평회 시간이 있다. 작품을 내면 동료들이 평가와 조언을 해 주는 시간이다. 적나라한 비판이 동료의 창작 활동에 피가 되고 살이 된다는 믿음 때문에 대체로 합평회 분위기는 살벌했다. 내 작품 합평을 앞두고 강의실에 들어갈 때면 심장이 바로 귀 옆에서 울리는 것처럼 쿵쾅거렸다. 상처받고 싶지 않은 마음 때문에 글에 힘이 들어갔고 비판받고 싶지 않은 마음 때문에 글을 치장했다. 두려움 때문에 솔직하지 못했고 다른 이의 마음에 가닿는 데도 실패했다. 한마디로 첫 합평회 결과는 처참했다.

실패하지 않으려고 안간힘을 썼던 시절은 또 있다. 신규 교사 시절이다. 비록 학교는 처음이지만 나이 먹었다는 것의 장점이 무엇이던가. 사람을 상대하는 일에 관록이 붙었다는 점 아닌가. 다른 건 몰라도 학생과 학부모를 상대하는 일은 잘할 수 있으리라 생각했다. 하지만 나의 자신감은 첫날부터 와르르 무너졌다. 교실 문을 열고 교단에 서니 동그란 눈으로 일제히 나를 바라보는 6학년 아이들이 있었다.

'아뿔싸, 이 어린이들 사이에서 유일한 어른이라니.'

나는 정신이 아득해졌다. 방송국에서 프로그램을 만들기 위해 사람들과 일을 함께하는 것과 아이들을 가르치며 소통하는 것은 완전히 다른 일이었다. 아이들을 이해하기 위해 때로는 내 안의 동심도 끄집어내야 했고 아이들의 행동 너머에 있는 마음도 헤아려야 했다. 하지만 아무리 기억하려 해도 나는 내 안의 어린이를 오래전에 잃은 어른일 뿐이란 걸, 매일 아이들을 보면서 깨달았다.

끼리끼리 신나고 즐거운 아이들 사이에서 나는 보이지 않는 섬에 고립된 기분이었다. 촘촘하게 짜인 교육과정을 충실히 가르치고 아이들의 갈등을 신속하게 중재해야 한다는 이상적인 목적에 나는 점점 매몰되었다. 지나친 책임감과 도덕적 의무감에 사로잡혀 있었고, 그런 나의 지도 방향이 옳다고 믿었다. 온순하고 착한 대다수 아이는 내 뜻을 따라 주었지만 모든 아이가 그런 것은 아니었다. 교실의 몇몇 남자아이들이 무리를 짓기 시작했다. 수업 시간에 자기들끼리 눈빛을 주고받으며 낄낄거렸고 수업과 상관없는 말을 노골적으로 주고받았다.

내가 지적하면 아이들은 거센 눈빛으로 반항했다. 지시에 따르지 않는 아이들을 볼 때면 어떻게 대처해야 할지 암담했다. 야단을 쳐도 달래도 아이들의 문제 행동은 나아지지 않았고 나는 어떻게 지도해야 할지 몰라 매일 허둥댔다.

"선생님, 그거 알아요? 선생님 반 애들이 점심시간에 교문 밖으로 나가서 동네 돌아다닌다고 민원이 들어왔어요."

급기야는 무리 중 한 아이의 부모가 교감선생님을 찾아와 나에 대한 불만을 토로했다. 학부모와 면담한 교감선생님은 1교시가 끝난 쉬는 시간에 나를 불렀다.

"애가 문제 행동하는 이유는 선생님이 신규 교사고 미숙해서 그렇대. 교사가 자기 애 하나도 휘어잡지 못하냐고 무능하다고 하는데, 그게 말이 돼? 한참 따지는 거 들어는 줬는데 나도 너무 분통이 터지네."

학기초에는 선생님이 친절하고 아이들 눈높이를 잘 맞춰 줘서 좋다고 했는데 지금은 애를 휘어잡지 못하는 게 문제라고 한다. 학기초에는 선생님이 아이의 마음을 잘 읽어 준다고 했는데 지금은 아이의 방황을 몰라 준다고 한다. 앞뒤가 맞지 않는 원망이었지만 원망은 원망이었다. 학부모의 민원이 마치 "당신은 선생 자격이 없어."라는 말처럼 들렸다.

"선생님. 너무 적나라하게 학부모 말을 전한 것 같아 말해 놓고 조금 미안하네. 너무 속상해 하지는 마. 처음이라 힘들겠지만 앞으로 어떻게 할지, 또 그 아이는 어떤 아이인지 좀 더 관찰을 해 봐. 관찰하다 보면 답이 나올 거야. 교사가 되어 가는 과정이라 생각해."

교무실 문을 나서서 교실로 올라가는데 온몸에 힘이 빠졌다. 다리가 풀려서 계단 난간을 꼭 잡을 수밖에 없었다. 이런 마음으로 교실에 들어갈 수 있을까 자신이 없었다.

복도에서 기다리던 동학년 선생님들이 멀리서 나를 보고 다가왔다. 선생님들은 나를 안아 주며 선생님 잘못이 아니라고 너무 속상해 하지 말라며 등을 토닥여 주었다. 마치 심폐소생술을 받은 것처럼 동료 선생님들의 위로가 내게 숨을 불어넣어 주었다. 가까스로 교실로 들어가 꾸역꾸역 수업을 했고 집으로 돌아온 뒤에 펑펑 울었다.

교사가 되어 가는 과정이라는 교감선생님의 말을 나는 시간이 좀 더 흐른 다음 이해하게 되었다. 교사 발령을 받고 교사의 신분으로 살고 있지만 나는 아직 진짜 교사가 된 것은 아니었다. 교사로 사는 한 나는 늘 교사가 되어 가는 길 위에 서 있을 것이다.

신규 교사 첫 해, 나는 철저하게 실패했다. 나의 가장 큰 실수는 '이상적인 교실은 이래야만 해'라는 경직된 기준에 빠져 있었다는 점이다. 하지만 그 일은 교사로서 나를 돌아보는 계기가 되기도 했다. 교실을 운영하는 데 일관된 교육철학이 필요하지만 그것이 절대적인 기준은 아니기에 유연한 적용이 필요하다. 교사 혼자서 모든 것을 짊어지려고 하기보다는 부족하더라도 학생들과 함께하려는 마음이 더 좋은 결과를 낳는다. 넘어지지 않기 위해 안간힘을 쓰더라도 넘어진 뒤 웃으면서 툭툭 털고 일어나는 게 더 중요하다. 매일 넘어지더라도 내일 다시 일어나면 된다는 마음으로, 가끔은 힘을 빼야 오히려 해법이 보인다.

선생님은 어른이에요

 글에도 표정이 있다는 걸 처음으로 느꼈던 날이 있다. 교원 평가 기간이 끝나고 결과 탭을 눌러서 평가 결과를 확인하던 날이었다. 학생들의 주관식 답변을 하나씩 보고, 학부모들의 답변도 확인하던 찰나였다. 대체로 긍정적인 말, 고마움을 전하는 말들 사이에 날카로운 적대감과 증오로 가득한 글이 순식간에 나를 할퀴었다. 잔뜩 성난 표정과 거센 기세로 달려드는 맹수 같았다.

 '본인 자랑, 주변 사람 자랑 좀 그만 하세요. 선생님이 자존감이 낮네요. 본인 자존감부터 키우세요.'

 문장을 끝까지 읽지도 않았는데 심장이 마구 뛰었다. 교실에 나밖에 없었는데도 낯 뜨거운 마음에 주변을 두리번거렸다. 처참하게 두들겨 맞는 장면을 들키고 싶지 않은 사람처럼 허둥대면서. 비참함과 동시에 죄지은 사람의 심정이 되어 마음이 쿵 내려앉았다. 나는 그 글을 온종일 곱씹으며 나를 두 번 세 번 학대했다.

 글을 읽자마자 우리 반 K가 떠올랐다. K는 수업 시간에 자주 엎드려 자는 아이였다. 자는 아이를 깨워서 수업을 듣게 하고 억지로 남겨서 보충수업을 시키기도 했지만, 여전히 수업 시간에는 무기력했다. 수업 중 하지 못한 과제를 방과 후에 남아서 해야 한다는 불만 때문인지 K는 가시 돋친 말을 가끔씩 나에게 내뱉었다.

6학년 진로탐색 시간, 꿈을 이룬 사람들 이야기나 방송작가 시절에 만났던 다양한 직업의 사람들 이야기를 들려주었다. 우리나라의 경제성장 단원을 가르칠 때 경제발전에 따른 직업의 변천사를 주변 친구나 가족들 예를 들어 설명한 적이 있었다. 방송작가에서 교사로 직업을 바꾼 나의 이력도 물론 수업의 재료가 되었다.

학창 시절 샛길로 빠지는 선생님들의 이야기가 오래 기억에 남았던 나로서는 나의 경험담이 아이들에게 재미있고 의미 있게 들리리라 믿었다. '너희도 충분히 꿈을 이룰 수 있어'라는 의도였지만 어떤 아이에게는 전혀 다른 이야기일 수도 있다는 걸 나중에 깨달았다.

열심히 노력해서 꿈을 이룬 사람의 이야기는 다르게 보면 능력주의에 대한 지나친 강조일 수 있다. 노력할 수 있는 아이에게는 희망을 주는 이야기지만, 노력할 힘조차 남아 있지 않은 아이에게는 열등감을 자극하는 이야기일 수도 있다. K는 노력을 통해 꿈을 이룬 사람들의 이야기에서 자신의 부족함을 보았을지도 모른다. 나를 처참하게 만들었던 교원평가 글은 K의 부모가 쓴 글 같았다. K가 느낀 감정이 부모의 손을 빌려 공격적인 글로 드러난 게 아닐까 생각했다.

꿈을 이룬 사람들의 이야기에서 희망을 보는 게 아니라 자신의 부족함을 보고 열등감에 빠졌을 K를 생각하면 안타까운 마음이 든다. 아직 6학년밖에 되지 않은 아이가 패배주의에 빠져 있다는 건 부모의 잘못된 양육 태도가 영향을 미쳤을 것이다. 하지만 그 일은 나의 말을 돌아보는 계기가 되기도 했다. 좋은 의도로 들려준 경험담이라도 누군가에게는 자신을 찌르는 힘든 이야기가 될 수 있다는 것을 깨달았던 경험이었다.

그해에는 유난히도 이런 일들이 많았다. 나의 선의와 다르게 내 말이 곡해되기도 하고 좋은 의도로 한 행동이 좋지 못한 결과를 낳기도 했다. 모두에게 좋은 선생님이 되는 일은 불가능했고 누군가로부터는 미움받을 수밖에 없다는 걸 인정하고 받아들여야 했다. 그해 속상한 일이 벌어질 때마다 동학년 부장 선생님이 한 말이 내게 큰 힘이 되었다. 그녀는 내가 학급운영이나 학부모 민원으로 의기소침해질 때마다 나를 위로해 주었다.

"선생님, 나이 먹었다고 다 어른은 아니잖아요. 남들에게 아무렇지 않게 상처를 주는 말을 내뱉는 사람들, 겉모습은 어른이어도 아직 덜 자란 어린아이예요. 어른의 눈으로 보면 분노보다는 안타까운 마음이 들 거예요. 그들을 위해서가 아니라 선생님을 위해서 연민의 눈으로 그들을 보세요. 잊지 마세요. 선생님은 어른이에요."

그해 나를 지켜 주었던 말이다. 교실에는 종종 위기가 찾아온다. 아니 날마다 위기일지도 모른다. 교사의 삶을 흔들 정도의 힘듦이 찾아올 때 나를 붙들 말과 글 한마디가 절실한 요즘이다.

인생을 바꿀 10분

"쉬는 시간이 40분일 수는 없어요? 10분 공부하고 40분 노는 건 왜 안 돼요?"

아이들은 늘 이렇게 묻는다. 쉬는 시간 단 10분. 얼마나 감질나는 시간인가. 교사인 나에게도 10분은 주머니 속 지폐 한 장 같다. 살 것은 많은데 늘 부족한 용돈처럼 순식간에 사라져 버리는 아쉬운 시간. 어른인 나도 그런데 아이들은 오죽할까 싶다. 사탕을 겨우 한 번 입에 넣었는데 도로 싸서 책상 서랍 안에 넣어 두어야 하는 심정이랄까.

아이들은 짧은 10분 동안에도 교실 구석구석을 다니며 새로운 친구를 사귀고 싸우고 화해한다. 포켓몬 카드 자랑도 하고 말장난도 하고 심지어 보드게임도 몇 판 한다. 친구와 오해의 벽을 쌓다가 일순간에 무너뜨릴 수 있는 시간. 어제까지 평범해 보였던 친구가 오늘은 빛나 보이는 시간. 학창 시절의 수많은 추억과 역사가 꽃피는 시간, 10분.

나의 학창 시절도 그랬다. 꽃샘추위가 물러나고 제법 따뜻한 바람이 불던 3월의 어느 날, 고등학교 1학년이었던 나는 바삐 걷다 뒷걸음질해 잠시 멈춰 섰다. 게시판에 붙은 한 공고문이 내 관심을 끌었기 때문이다.

교내 게시판은 각종 행사 안내 공고문들로 가득했다. 수학

경시대회, 독후감 대회, 편지 쓰기 대회 등등 다양한 곳에서 주최하고 진행하는 행사 공고문들은 계절 따라 반복적으로 붙었다 사라졌는데 그날따라 전국 백일장 대회 공고문이 눈에 들어온 거였다. 수업을 마치고 집에 가는 길에 다시 그 공고문이 떠올랐다. 마음이 울렁거렸다.

'한번 나가 볼까? 경험 삼아 부담 없이 그냥 한번 나가 보자. 잘되면 좋고 아니면 말고.'

글쓰기라면 학교에서 쓰는 독후감과 간간이 쓰는 일기가 전부였기에 상에 대한 기대는 별로 없었다. 아무에게도 말하지 않고 조용히 참가 신청서를 써서 낸 다음 더 조용히 대회에 참가했다.

정확한 명칭은 '세종대왕 글짓기 대회'였다. 대회 날 몇 가지 글쓰기 소재가 주어졌는데, 나는 그중 '무궁화'를 골랐다. 무궁화 하면 누구나 쉽게 떠올리는 것들을 나도 떠올렸고 애국심에 관한 생각으로 마무리한 평범한 글을 썼다. 아무도 모르게 나간 대회라서 결과에 대한 부담도 없었다.

고등학교 1학년 우리 반 담임선생님은 말수가 적고 무뚝뚝한 분이셨다. 과거에 특수부대 군인이었고 키도 크고 호리호리했지만 여학생들 사이에선 별로 인기가 없었다. 말주변이 없고 수업이 지루해서 싫다는 티를 아이들은 대놓고 냈다. 기센 말발로 대거리를 하는 여학생들이 선생님 입장에서도 참 얄미웠을 것 같다. 키득거리는 여학생들을 뒤로 한 채 칠판 가득 판서를 하던 선생님의 뒷모습을 보면 나는 가끔씩 안쓰러웠다. 그러던 어느 날이었다. 담임선생님이 여학생들 무리를 뚫고 나에게 걸어오시는 거였다. 내가 뭘 잘못했나 싶은 마음에 걱정 반 의아함 반으로 선생님을 바라보았다. 와글와글 떠드는 소음으로 가득한 쉬는 시간, 가까이 다가온 선생님이 물으셨다.

"소연아, 너 세종대왕 글짓기 대회 나갔니?"

대회를 다녀온 뒤 잠시 잊고 있었는데 어떻게 그걸 아시지 의아해 하는 순간,

"축하한다. 너 대상 탔더라. 정말 축하해!"

어안이 벙벙했다. 잘못 들었나 싶은 마음에 선생님의 얼굴을 빤히 쳐다보았다. 선생님이 환하게 웃고 계셨다. 저분이 저렇게 활짝 웃는 분이셨나, 가지런한 치아가 그날따라 유난히 하얗게 빛났다.

그때부터 선생님은 나를 글 잘 쓰는 아이로 대하셨다. 어쩌다 교무실에 가면 선생님은 주변 선생님들에게 나에 대해 입이 마르게 소개하셨다. '이 친구가 이번에 백일장에서 상 탄 친구랍니다'라며. 선생님의 인정은 내가 작가의 꿈을 꾸는 데 큰 힘이 되었다. 그 뒤 시상식을 하고 상과 상금을 받고 사진을 찍는 몇 가지 일들이 차례로 지나갔다. 작은 잡지사에서 내 글을 싣고 싶다는 연락도 받았고, 고등학교 졸업식 날에는 졸업생 대표로 연단에 서서 글을 읽었다.

글을 써서 받았던 첫 상은 마치 어렵게 얻어 낸 승낙 같았다. '네가 좋아하는 일을 해도 좋다'는 허락이자 내 진로에 대한 작은 실마리였다. 그 뒤 나는 문예창작학과에 진학했고 방송작가가 되었고 어린이 지식동화도 몇 편 썼으니, 그 도전은 내 인생의 많은 부분을 결정했다.

함박웃음을 지으며 기뻐하던 선생님의 표정이 지금도 생생하다. 도전은 아이들이 선택하고 감당해야 할 몫이지만 아이들의 도전에 관심과 지지를 보내 줄 어른이 아이들에게는 필요하다. 고 1 담임선생님은 나의 도전을 높이 평가해 주셨고 나의 성취를 함께 기뻐해 주셨다. 선생님의 관심과 지지는 내가 학창 시절에 받았던 가장 큰 선물이었다.

"한번 해 봐. 아니면 어쩔 수 없고. 하는 것만으로도 훌륭해."

나는 아이들에게 종종 이렇게 말한다. 시작은 가볍게 부담 없이. 한 발을 내딛었을 때는 힘껏 기뻐해 주기. 내가 선생님에게 받았던 특별한 선물을 많은 아이들이 받기를 원하면서 말이다. 내 인생을 바꿀지도 모를 특별한 쉬는 시간은 늘 우리에게 찾아온다.

털어놓는 마음

 탁탁탁, 드르륵. 뒷문을 여는 소리에 고개를 들어 보면 어김없이 현지다.

 "현지 왔니?"

 "네."

 "선생님한테 무슨 할 말 있어?"

 "…"

 며칠째 나를 찾아오지만 특별한 말은 하지 않는다. 뭔가 할 말이 있는 것 같은데 물으면 빙그레 웃기만 한다. 2학년 현지는 수업이 끝난 뒤 돌봄교실에서 지낸다. 그러다 오후 3시쯤, 돌봄교실 줄넘기 프로그램이 시작되어 모두가 우르르 운동장으로 나가는 시간이 되면 잠깐의 자유를 틈타 교실로 오곤 했다.

 처음엔 교실 밖에서 나를 바라보기만 했다. 콩콩 뛰어서 창문 너머로 나를 보다 내가 쳐다보면 "으악!" 소리치고는 그냥 가 버리곤 했다. 조금 친해진 뒤에야 현지는 교실 뒷문을 열고 들어왔다. 자신만만한 미소를 지은 채. 하지만 딱 거기까지였다.

 수업 시간의 현지와 수업이 끝난 오후의 현지는 달랐다. 수업 시간에는 다소 주눅이 들어 있었는데, 읽는 것도 더듬더듬 자신이 없고 덧셈 뺄셈도 손가락을 사용해 겨우 했다. 공부가 힘든지 교실 안을 돌아다녔고 내가 주의를 주면 마르고 날쌘 몸으로 재빨리 자리에 앉았다. 하품을 하거나 엉덩이를 들썩거리거나, 수업 시간의 현지는 늘 그런 모습이었다.

하지만 모두가 하교한 오후의 현지는 자신만만한 모습이었다. 큰 동작으로 성큼성큼 교실을 휘젓고 다니거나 다른 친구들 자리에 하나씩 앉아 보기도 했다. 칠판에 낙서도 하면서 마치 자기 방처럼 편안하게 굴다가 내 곁으로 왔다.

"너 선생님 보고 싶어서 매일 오는 거지?"

"아니요."

농담을 걸면 현지는 강하게 부인했다.

"에이, 너 선생님 좋아서 오는 거잖아. 선생님이 그렇게 보고 싶었어?"

내가 너스레를 떨며 말하면 현지는 더 강하게 도리질했다.

"그럼 왜 온 건데?"

"그냥요."

나와 현지의 대화는 늘 그런 식으로 끝이 났다. "왜 왔어?" "그냥요." 나는 일부러 이유가 궁금해 죽겠디는 듯 묻고 현지는 나의 관심이 싫지 않은 듯 웃으며 "그냥요. 몰라요."라고 답했다.

"할 말도 없는데 매일 오는 거면 선생님이 보고 싶어서 오는 거겠지. 틀림없어."

그때마다 환하게 웃는 현지가 귀여워서 나는 매일 현지와 장난스런 대화를 했다.

며칠이 지난 어느 날이었다. 그날도 어김없이 현지가 드르륵 뒷문을 열더니 쌕쌕거리며 숨을 고른다.

"선생님!"

"응, 왜?"

"선생님, 우리 엄마 도망갔대요."

"어?"

"우리 엄마 말이에요. 아빠라앙 살기 싫다고오. 음…, 저 어렸을 때 엄마 나라 중국으로 도망갔대요."

동화 속 주인공의 이야기라도 들려주듯 현지는 천진난만하게 말했지만 정작 나는 말문이 막혔다. 무슨 말을 해야 할까 머뭇대는 나와 달리 현지는 선생님 말을 들으러 온 건 아니라는 듯 자기 할 말만 하고는 뒤돌아서 문을 쾅 닫고 나갔다.

나는 현지가 사라진 뒷문을 바라보았다. 뒷문 밖으로 쌕쌕거리는 숨소리와 쿵쾅거리는 발소리가 점점 멀어졌다. 복도 끝에 다다른 소리가 적막 속으로 쏙 빨려 들어가고 학교는 다시 고요해졌다. 나는 멍하니 교실 한가운데를 바라보았다. 그곳에는 현지가 던지고 간 고백만 덩그러니 파문을 일으키고 있었다.

'그동안 그렇게 하고 싶었던 말이 그 말이었나? 그 말이 하고 싶어서 매일 나를 찾아왔나?'

목구멍까지 올라왔지만 끝내 내뱉지 못했던 말, 어색한 웃음으로 숨겼던 말. 하지만 너무도 털어놓고 싶었던 자기 이야기를 하려던 걸까.

현지가 자신의 이야기를 들어 줄 사람으로 언제쯤 나를 낙점

했을까. 1층 돌봄교실에서 3층 우리 교실로 오기까지 수많은 걸음을 뛰고 걸으며 현지가 얼마나 망설였을지 나는 모른다. 아카시아 꽃잎을 하나씩 떼며 선택을 점치는 어린 시절의 놀이처럼 계단 하나하나 내딛는 발걸음에 '말하자, 말자'를 몇 번이나 반복했을지도 모른다.

 퇴근해 집에 돌아가니 아들이 나를 반겼다. 현지와 같은 나이의 아들은 재잘재잘 낮에 있었던 일들을 이야기했다. 엄마인 나에게 털어놓는 것만으로도 아들은 즐겁고 행복해 보였다. 아들의 재잘거림을 듣다 보니 현지가 다시 떠올랐다. 현지의 고백이 외로움과 상실감의 다른 표현이었다는 것을 깨달았다.
 그날 이후로도 현지는 평소와 똑같았다. 낮의 현지는 여전히 수업 시간엔 자신 없는 모습이었고 쉬는 시간이면 날쌔게 돌아다녔다. 부르면 도망갔고 공부하자면 '싫어요'를 반복했다. 그런데 딱 한 가지 달라진 게 있었다. 이제 오후에는 나를 찾지 않았다. 나에게 털어놓고 자유를 얻었을까. 그 자유로움으로 현지는 다른 곳으로 내달리고 있는 것일까? 현지가 오지 않았기에 물어볼 수 없었다.

 세상과 불화를 겪을 때 사람들은 말과 글로 표현한다. 말로 표현하면서 위로와 공감을 받기도 하고 글로 쓰면서 성찰과 자유로움을 얻기도 한다. 소통이 안 되고 교감하지 못할 때 우리는 존재가 흔들릴 정도의 외로움을 느낀다. 나는 아이들에게 내 말을 들어 줄 친구가 없다면, 글을 써 보라고 말한다. 글쓰기가 가장 좋은 친구가 될 수 있다고 말한다. 현지는 이제 꽤 컸을 것이다. 현지는 자신의 마음을 털어놓을 수 있는 누군가를 만났을까. 나에게 고백하고 자유로워졌던 그때처럼 방법을 찾았길 기대해 본다.

저는 하나의 우주랍니다

새 학기 첫날 교실은 늘 긴장과 설렘이 가득하다. 정신없이 바쁜 첫날이지만, 그 와중에도 교사의 눈에 들어오는 아이들이 있다. 먼저 인사하는 아이, 손 들어 발표하는 아이, 반듯하게 앉아 경청하는 예쁜 아이도 있고, 친구와 다투거나 엉뚱한 말과 행동으로 자신의 존재를 뽐내는 아이도 있다.

첫날이 지나고 일주일, 한 달, 두 달, 아이들과 함께하는 시간이 쌓일수록 교사의 눈에 아이들 하나하나 자세히 들어오기 시작한다. 하지만 좀처럼 눈에 띄지 않는 아이도 있다. 영준이가 그런 아이였다. 조용하고 말이 없는데다 늘 고개를 숙이고 있었다. 발표를 시키면 들릴락 말락 하는 목소리로 말해서 조금 더 크게 말해 달라고 부탁해야만 했다. 나의 부탁에도 영준이의 목소리는 속삭이듯 작았고 느릿느릿했다. 영준이는 친구들에게도 먼저 다가가지 않았다, 늘 홀로 있었지만 본인은 별로 불편하지 않은 것 같았다. 영준이는 있는 듯 없는 듯 잘 보이지 않는 그런 아이였다.

수업 시간이 끝나지 않았는데 떠들고 돌아다니는 아이들이 많았던 어느 날, 나는 전체 아이들을 두고 야단을 쳤다.

"너희 뭐하는 거야. 아직 수업 안 끝났는데 스물 여덟 명 전부 떠들고 있네!"

찬물을 끼얹는 말에 일순간 교실이 조용해졌다. 모두가 얼어붙은 그때 영준이가 조용히 일어서더니만 저벅저벅 앞으로 나오는 것 아닌가. 나에게 가까이 다가온 아이는 내 귀에 대고 느릿느릿 말했다.

"선생님, 저는 안 떠들었는데 왜 스물 여덟 명 모두가 떠든다고 말씀하시죠?"

영준이는 적잖이 억울해 하고 있었다. 나는 당황스러웠지만 영준이 말이 틀린 말은 아니었기에 영준이에게 사과를 했다.

영준이는 그제야 마음이 풀린 듯 자리로 돌아가 앉았다.

머리로는 교실의 한 명 한 명을 개별적인 존재로 대해야 한다고 생각하지만 현실에서는 종종 그것을 놓친다. 교사가 된 뒤 내가 가장 놀랐던 점이 한 가지 있다. 학교 현장이 교사에게 수십 가지의 일을 동시에 처리하라고 요구한다는 점이다. 수업과 생활지도, 학부모 상대와 업무 등 교사는 한 번에 하나가 아니라 한 번에 두서넛 가지의 일을 동시에 처리하도록 요구받는다. 업무와 처리해야 할 일의 가짓수도 많고 빈도수도 높다. 교실의 수십 명 아이들에게는 저마다의 요구사항이 있다. 수업을 하면서 돌발 상황도 생겨나고 갈등과 문제 상황도 발생한다. 종류와 성격이 다른 일을 동시에 처리하면서 교사의 에너지는 금세 고갈된다. 에너지가 고갈된 상태에서 교사가 아이들 한 명 한 명을 개별적인 존재로 바라보는 일은 무척 어려운 일이라는 걸 나는 매번 느낀다. 아이들 각각의 존재를 세심하게 보지 못하고 뭉뚱그린 아이들을 바라보게 되는 것이다. 이는 교사 개인의 문제라기보다는 학교 현장의 구조적 문제라 할 수 있다. 교사가 각각의 아이들에게 집중할 수 있도록 불필요한 공문과 업무를 줄이는 것이 교육청이나 교육부에서 해야 할 일이라고 생각한다.

"선생님, 저는 안 떠들었는데 왜 스물 여덟 모두가 떠든다고 말씀하시죠?"

자기 존재의 개별성을 인정해 달라고 영준이는 속삭이고 있었다. 작은 목소리였지만 나에게는 천둥 같은 외침으로 들렸다. 저를 좀 봐 달라는 외침. 그때부터 나는 영준이를 스물 여덟 명 중 한 명이 아니라 김영준이라는 개별적 존재로 바라보려고 노력했다.

"이거 다 못했는데 어떡해요?" "잘 모르겠는데 어떡해요?"라며 초조해 하는 영준이에게 나는 "괜찮아, 한 마큼만 해서 내도 돼." "괜찮아. 조금만 기다려 봐. 선생님이 알려 줄게."라고 안심시켰다. 영준이는 뭐든 빠르게 잘 해내는 아이들 사이에서 크게 불안해 하고 있었다. 목소리 큰 아이들에게 묻혀 자신은 뒷전이고 존중받지 못한다고 느끼지는 않을까 나 역시 신경이 쓰였다. 내 딴에는 영준이를 신경 썼지만, 영준이가 나의 그런 진심을 아는지 모르는지조차도 알 수 없었다. 교실 앞으로 걸어 나와 내 귀에 속삭였던 그날을 제외하고는 영준이의 표정은 늘 잔잔한 호수 같았다.

교실에는 자기 목소리를 잘 내는 아이들도 있지만 그렇지 못한 아이들도 많다. 활발한 아이들에 비해 내향적인 아이들의 목소리는 종종 묻히기 마련이다. 몇몇 적극적인 아이들만이 자기 목소리를 내는 게 아니라 모든 아이가 저마다의 목소리를 낼 수 있어야 한다. 모두가 동등하게 참여하고 생각을 표현하는 교실을 바라기에 때로 말보다 글로 쓰는 활동을 더 하려고 한다. 질문에 대한 생각을 먼저 글로 적은 뒤 글을 발표하게 하는 것이다. 이런 점에서 말보다 글은 좀 더 공평하고 세심하다.

어느 날 영준이는 초콜릿에 붙인 짤막한 편지로 자신의 마음을 전했다.
'선생님, 이거 선생님이 꼭 드세요.'
나는 영준이의 행동을 유심히 지켜보았다. 자세히 보니 비로소 보이는 것들이 있었다. 영준이는 수업 시간에는 나를 잘 바라보지 않았지만, 등하교 때면 꼭 내 앞으로 와서 허리를 90도로 꺾고 정중하게 인사했다. 내가 다른 아이들과 이야기 나누느라 보지 못하면 영준이는 내 옆에 와서 잠깐 기다렸다가 인사만큼은 빼먹지 않고 하고 갔다.

처음엔 세 줄, 다섯 줄 정도로 짧게 글을 쓰던 영준이는 조금씩 길게 글을 썼고 어느 순간부터는 열 줄 가량 자기 생각을 써서 냈다. 친구들이 보드게임을 하자고 영준이에게 청하는 날도 늘어났다. 영준이의 목소리를 듣는 일은 여전히 힘들었지만 친구들 사이에서 조용히 웃고 있는 날들이 많아졌다. 그리고 헤어질 날이 얼마 남지 않았을 때 영준이가 이런 글을 썼다.

'선생님 감사합니다. 선생님은 저에게 최고의 선생님이셨어요. 선생님을 일찍 만났다면 더 좋았을 것 같아요. 하지만 지금이라도 선생님을 만나게 되어서 기뻐요. 선생님을 잊지 못할 것 같아요. 저에게 좋은 가르침을 주시고 좋은 길로 갈 수 있게 해주셔서 감사합니다.'

아이들 각각이 하나의 우주라는 걸, 개별적 존재로서 자신을 바라봐 주기를 원한다는 걸 영준이는 나에게 일깨워 주었다.

나의 어린 스승

영은이는 자타공인 모범생이었다. 수업 시간에는 반듯하게 앉아 열심히 수업을 들었고 무엇 하나 손봐줄 데 없이 스스로 잘하는 아이였다. 교사라면 좋아할 수밖에 없는 그런 아이였지만 워낙 조용해서 눈에 잘 띄지는 않았다. 해마다 한두 명쯤 만나는 차분한 모범생이라 오히려 평범하게 느껴지는 아이. 영은이의 첫인상이 그랬다.

영은이를 맡고 얼마 되지 않았을 때, 복도에서 영은이 작년 담임선생님과 마주쳤다.

"영은이 선생님 반이죠? 영은이 너무 괜찮지 않아요?"

"어, 네. 영은이 괜찮죠."

"그렇죠? 영은이 너어무 예쁜 아이예요."

그녀는 영은이 생각만 해도 기분이 좋은지 얼굴에 웃음이 가득했다. 괜찮긴 한데 '너어무 괜찮다'라는 강조에 나는 살짝 주춤했다. 아직 함께한 시간이 많지 않았기에 속으로는 약간의 물음표가 있었다. 하지만 머지않아 영은이는 남다르게 다가왔다.

그해 나에게 살짝 골머리를 앓는 문제가 있었다. 우리 반 아이들이 소극적이란 점이었다. 우리 학교에서는 학급 회장, 부회장 대신 자치회 활동을 할 대의원을 반마다 선출했다. 문제는 우리 반 아이들이 도통 관심을 보이지 않는다는 점이었다.

나는 자치회 활동의 좋은 점을 열거하며 아이들을 설득했다. 어디에서도 하기 힘든 귀한 경험이라는 둥, 학원에서 배우는 것보다 자치회 활동을 통해 얻는 게 훨씬 더 많을 것이라는 둥, 한 번 해 보면 별거 아닐 거라는 둥, 자치회 활동을 하면 선생님의 관심과 사랑을 받을 거라는 둥. 하지만 이런 고리타분한 설득이 아이들에게 통할 리 없었다. 아이들은 나에게 물었다.

"대의원 되면 뭐가 좋은데요?"

"방과 후에 자치회 회의 가야 하잖아요. 아유, 귀찮아요."

"매주 목요일? 저 그때 학원 가야 돼요. 학원 빠지면 엄마한테 혼나요."

"그거 하면 뭐 주는 거 있어요?"

학급 대의원이 되는 일은 귀찮은 학습지를 열 장쯤 더 푸는 것과 맞먹는 일이었다. 아무런 매력도, 보상도 없는 봉사활동을 자진해서 한다는 것이 아이들 처지에서는 미련한 짓일지 모른다. 학급 회장이라면 떠드는 아이들을 향해 조용히 하라고 큰소리라도 칠 수 있겠지만, 우리 학교의 대의원은 그 위치가 달랐다. 으스댈 만한 권한도 없으면서 귀찮은 책임만 지는 자리였다. 학원 때문에 놀 시간, 쉴 시간도 없어 이미 인생이 바쁘고 피곤한 아이들에겐 자치회 임원을 맡는 것이 무료 봉사 같은 일이었을 것이다.

선거일은 점점 다가오는데 후보자는 나오지 않았다. 나는 어떻게든 될 거란 심정으로 그날을 맞이했다.

"자치회 대의원 해 보고 싶은 사람 없나요?"

아이들은 귀찮은 일이 빨리 지나가기만을 바라는 듯 고개를 숙였다.

"선생님, 저 해 보겠습니다."

잠깐의 정적을 깨고 손을 드는 아이가 있었다. 영은이였다. 안도감과 기쁨과 함께 살짝 놀라운 마음도 들었다. 영은이는 먼저 나서서 발표하는 경우가 거의 없는 조용한 아이였기 때문이다. 내가 지목하면 당황하고 부끄러운 듯 작은 목소리로 대답했고 친구들과 있을 때도 먼저 말하기보다 들어 주는 쪽이었다. 아무도 안 하겠다는 역할을 자처하는 것이 고마우면서도 조금은 놀라웠다. 하지만 그런 마음을 가졌던 게 무색할 만큼 영은이는 맹활약을 했다.

영은이는 1, 2학기 모두 대의원으로 활동하면서 연극 공연 연출가로, 동아리 회장으로, 학예회에 선보일 공연팀 리더로 활약했다. 연극 공연을 무대에 올리기 전 몇몇 남자아이들은 대사 외우기 싫어, 연극하기 싫어, 춤추기 싫어 투덜거렸지만 영은이는 그런 아이들에게 화를 내지도, 짜증 한 번 내지도 않았다. 연습을 게을리하는 남자아이들에게 부드러우면서도 단호한 일침을 날리기도 하고, 하기 싫다는 아이를 누나처럼 다독이기도 했다. 도저히 못하겠다는 아이는 몇 번이고 설득해 하게끔 만들었다. 말썽꾸러기 남자아이들도 영은이의 말에는 껌뻑 죽었다. 그녀의 조용한 카리스마와 지도력에 나는 매번 감탄했다.

방과 후 교실 청소를 할 때면 아이들의 다양한 모습을 볼 수 있다. 대충 자기 자리를 쓸고 서둘러 가방을 메는 아이, 땡 하고 종이 치자마자 나가려고 뒷문 앞에 이미 서 있는 아이, 휴대전화를 꺼내 보는 아이, 꼼꼼하게 자기 자리는 쓰는 아이, 전혀 자리를 치우지 않는 아이, 자기 쓰레기를 다른 아이 자리로 몰래 밀어 넣는 아이, 그걸로 서로 싸우는 아이. 그런 아이들 틈에서 영은이는 무릎을 꿇고 앉아서 친구 자리까지 쓸어 주었다. 하루도 허투루 하는 날이 없었다. 청소 당번처럼 아이들이 싫어하는 일, 하잖아 보이는 일을 할 때에도 영은이는 전혀 싫은 내색을 하지 않았다. 오히려 지금 하고 있는 일이 세상에서 가장 중요한 일인 것처럼 진지하고 즐겁게 임했다.

몸서림 마음에도 근력이 있다. 영은이는 마음 근력이 단단한 아이였다. 자신이 해야 하는 일에는 즐겁게 최선을 다했고 두렵더라도 늘 새로운 일에 도전했다. 자신과 친구들에게 이로운 것이 무엇인지 알고 말과 행동으로 실천했다. 우리 반이 좀 더 나은 반이 되기 위해 가장 먼저 나서서 헌신했고 그 과정에서 생겨나는 갈등은 슬기롭게 해결했다. 영은이는 나뿐 아니라 친구들 사이에서도 신뢰를 얻었다.

나는 영은이를 볼 때마다 영은이의 부모님은 어떤 분일지 궁금했다. 같은 부모로서 나는 영은이처럼 내 아들을 키우지 못했을까 꽤 반성도 했다. 동시에 교사로서 아이들에게 무엇을 길러 주어야 하는지에 대해서도 생각하게 되었다.

교사로 살다 보면 수많은 아이들을 만난다. 교사는 아이들이 바르게 성장하도록 돕는 존재지만 영은이 같은 학생을 만나 많이 배우기도 한다. 나는 영은이에게 많은 것을 배우고 빚졌다. 영은이는 나를 키운 가장 어린 스승이었다.

열지 못한 블랙박스

 6학년 담임을 맡은 어느 해였다. 첫 수업 시간, 나는 사진 카드를 이용해 기분을 묻는 활동을 준비했다. 학생들의 대답을 들으며 아이들의 성향도 파악하고 올 한 해 나와 아이들과의 궁합도 가늠해 볼 요량이었다. 긴장된 모습으로 새 학년 담임교사를 만난 아이들은 내가 이끄는 대로 '오늘의 기분'을 말했다.

"설렜어요."

"긴장됐어요."

"행복했어요."

"마음이 들떠서 잠을 못 잤어요."

"아침에 일찍 일어나느라 힘들었어요."

 교사라면 기대할 만한 모범적인 대답들이 하나둘 나왔다. 한참 아이들의 대답을 흐뭇한 마음으로 듣는데 중간쯤에 이르러 선혀 예상하지 못했던 답이 들렸다.

"기분? 정말 더러운데."

 지각했음에도 큰 소리를 내며 들어와서는 내내 책상에 엎드려 자던 학생이었다. 들어오는 모습부터 범상치 않았는데 역시나 싶었다. 아이는 자기 차례가 되자 억지로 일어나 욕하듯 말을 내뱉었다. 나는 당황스러운 마음을 숨긴 채 수업을 이어 나갔지만, 도무지 수업에 집중할 수 없었다. 엎드린 아이의 정수리가 올 한 해 나의 운세를 점치고 있는 것만 같았다.

'악재 중의 악재가 낌. 올 한 해 괴로운 일들로 가득하니 몸가짐과 언행을 각별히 조심할 것'

3월 첫날부터 내내 엎드려 자던 채아는 나의 예상대로 수업 시간에 아무것도 하지 않았다. 교과서를 가져와야 한다고 말하면 나를 노려보며, "뭐요? 내버려 둬요."라고 쏘아붙였다. 모둠 활동 중에는 활동과 상관없는 말과 행동을 하며 큰 소리로 떠들었다. 내가 주의를 주면 나를 노려보며 대들었고, 나의 한마디에 매번 딴지를 걸었다.

"성실해서 뭐에 써요, 열정이요? 그딴 거 개나 줘 버리라고 해요. 선생님한테나 중요하겠죠. 로또 맞아서 나는 돈 많은 백수로 살래요. 아님 말고요."

채아는 어떻게 하면 어른을 화나게 할 수 있는지 통달한 아이 같았다. 채아의 공격적인 말과 행동을 볼 때마다 내 가슴은 주체할 수 없을 만큼 쿵쾅거렸고 화가 치밀어 올랐다. 채아가 한마디를 하면 나는 채아를 꺾기 위해 두세 마디를 했고 채아도 나의 말에 지지 않고 대꾸했다. 말이 오갈수록 수업은 점점 더 뒷전이 되었다. 채아의 도발에 휘말리는 날이면 나는 다른 아이들이 보고 있는 것도 잊은 채 소리를 질렀고 오후가 되면 한없이 후회했다.

한번은 엎드려 자는 채아를 누군가 지나가면서 툭 쳤는데 화가 난 채아가 근처에 있는 수진이에게 욕을 했다. 속이 상한 수진이는 채아로부터 사과를 받고 싶다고 했다. 나는 두 아이를 데리고 대화를 시작했다.

"채아야, 나는 네 머리 안 때렸어. 나한테 욕한 건 사과해 줘."

"난 분명히 맞았는데, 그럼 누가 날 건드린 건데?"

"누가 건드렸는지는 모르겠지만 나는 분명히 널 건드리지 않았어."

"그래? 그럼 귀신이 와서 때리고 갔나 보네. 귀신이네. 귀신."

대화를 하면 할수록 갈등이 해결되기는커녕 점점 더 꼬여만 갔다. 사과, 용서라는 말이 반복되자 결국 채아는 화가 난 얼굴로 소리쳤다.

"네, 네, 알겠어요. 욕을 한 건 잘못이겠죠? 됐죠? 수진아, 이제 됐니? 내가 뭐 무릎이라도 꿇을까? 지금 내 시간 뺏는 건 누가 보상해 줄 건데? 아, 귀찮아. 나 그냥 대충 미안하다고 말하고 끝낼래."

그러자 수진이가 울먹이며 말했다.

"선생님, 이건 사과가 아니에요. 사과를 하는 게 아니라 비아냥대는 것 같아서 더 기분이 나빠요."

나는 말뿐인 사과라도 사과는 사과니 받아 주라고 수진이를 달랬다. 채아와 아이들 사이에선 이런 다툼이 빈번했고 나는 그때마다 진땀을 뺐다. 도대체 무슨 생각으로 사는 건지. 나는 채아를 볼 때마다 궁금했다. 친구와의 갈등이 힘들지는 않은지, 공부를 조금이라도 해 볼 생각은 없는 건지 답답한 마음에 묻기도 하고 설득도 해 봤지만 돌아오는 답은 한결같이 '모르겠음'이었다.

글쓰기 시간에도 채아는 공책에다 늘 이렇게 써 놓았다.

'이딴 걸 왜 하나 싶음' '하기 싫은데 선생님이 쓰라고 해서 씀. 사는 게 개떡 같음. 끝.'

채아는 내가 무관심하면 문제 행동을 했고 부드럽게 타이르면 공격적으로 나왔다. 호되게 야단치면 내 근처를 어슬렁거렸다. 그러다 내가 관심을 보이면 모진 말로 나를 찔렀다. 채아의 마음은 아무리 애써도 열 수 없는 블랙박스 같았다. 나는 채아와 가까워지는데 실패한 채 매일 아슬아슬한 나날을 보냈다. 교실은 언제 폭탄이 터질지 모르는 전쟁터 같았다. 그러던 중 드디어 사건이 터졌다.

그날은 현장체험학습이 있는 날이었다. 바다에서 요트를 타는 체험활동이었던 만큼 학생들은 잔뜩 들떠 있었지만 나는 걱정이 한가득이었다. 땅에서 걷다가도 넘어져 다치는 애들을 데리고 바다라니. 안전사고에 대한 두려움과 걱정 때문에 체험학습을 가기 몇 주 전부터 마음이 무거웠다. 체험활동을 진행하는 강사 선생님들도 마찬가지였다.

"준비운동을 아주 엄격하게 시킬 거예요. 흥분되고 에너지

넘치는 상태로 애들이 바다에 들어가면 들고 있는 패들로 앞 친구 머리를 칠 수도 있거든요. 준비운동이 좀 힘들 수도 있어요. 선생님은 미리 알고 계세요."

 강사 선생님의 예고대로 엄격한 분위기 속에서 줄 서기와 준비운동이 시작되었다. 딱딱하고 강압적인 분위기가 형성되자 채아의 표정이 굳는 게 보였다. 채아가 삐딱한 태도로 쭈뼛거리자 강사 선생님의 날선 지적이 날아왔다.

"제대로 줄 안 설래!"

그러자 채아가 짜증 난 듯 말했다.

"아, 저 안 할래요."

 기분이 상한 채아는 준비운동을 하는 아이들 사이에서 나와 체험장 한쪽에 마련된 의자에 앉았다. 채아는 준비운동을 하는 아이들을 보면서 낄낄거리기 시작했다. 구명조끼를 입고 땀을 흘리며 운동을 하는 아이들에게 채아가 말을 걸고 떠들자 나는 참지 못하고 채아에게 주의를 주었다.

"다른 친구들은 준비운동하느라 힘든데 그렇게 웃으면서 떠들고 있으면 되니? 옆 친구랑 조금 떨어져 앉아 있어."

"싫은데요."

"떨어져 있어."

"싫다고요."

 채아의 도발에 휘말려선 안 된다는 것을 알면서도 나는 멈출 수 없었다. 떨어져 앉으라고 지시하는 나와 거부하는 채아. 급기야 채아가 거칠게 일어섰다.

"아, 진짜 짜증 나. 나 집에 갈래."

채아는 도시락이 든 가방을 휙 둘러매고서 저벅저벅 체험장 밖으로 향했다. 나는 다급하게 뒤따라가 채아를 붙들었다.

"지금 여기가 어디라고 집에를 가, 너 가면 안 돼."

버스를 타고 한참 이동해 온 곳이었다. 어른인 나조차도 학교로 가려면 어떻게 가야 할지 모를 만큼 외진 곳이었다.

"아뇨, 갈 거예요! 택시 불러서 갈 거라고요!"

머리 위로 내리쬐는 태양은 뜨거웠고 내 속은 활활 타들어 가는 것 같았다. 저 멀리에서 아이들의 웃음소리가 들려 왔다. 이 모든 상황이 비현실적으로 느껴졌다.

"채아야, 부탁이야. 가면 안 돼."

"선생님이랑 얘기하기 싫다고요!"

나는 채아의 가방을 잡은 손에 힘을 주었고 채아는 그런 나를 뿌리치려 안간힘을 썼다. 나는 점점 더 애원하는 목소리로 채아를 달랬다. 나의 애원에도 불구하고 채아는 점점 더 화가 나는 것처럼 보였다. 그러더니 분노 가득한 얼굴로 나를 쏘아보며 소리를 질렀다.

"아, 씨, 선생님 죽어 버렸음 좋겠어."

그 순간 마음에서 투두둑 하고 무언가 끊어지는 소리가 들렸다. 힘겹게 쥐고 있던 관계의 끈이 갈기갈기 찢어지는 기분이 들었다. 채아와 나는 결국 이렇게 될 사이였나. 긴장이 풀리면서 가방을 움켜쥐었던 손에서도 힘이 빠져나갔다. 나는 한 발 떨어져 채아를 바라보았다. 이글이글 분노로 가득한 눈과 찡그린 코 사이로 눈물인지 땀인지 모를 것들이 송글송글 맺혀 있는 게 보였다. 나는 힘없이 채아에게 말했다.

"부탁인데 집에 가는 일만은 하지 말아 줘."

다행히 채아는 집에 가지 않았다. 나는 하루 종일 넋이 나가 있었고 체험학습은 어떻게 끝났는지 모르게 끝이 났다.

버스를 타고 학교로 돌아가는 길, 아이들은 여전히 신이 나서 떠드는데 나는 한마디 말도 나오지 않았다. 전쟁터에서 팔과 다리가 잘린 패잔병처럼 한동안 멍한 얼굴로 창밖만 바라보고 있었다. 그때 갑자기 버스가 갓길에 서면서 정신이 차려졌다. 무슨 일이지? 고장이라도 난 건가 의아해 하는데, 버스 기사님이 자리에서 일어났다. 그리고는 차 안 미니 냉장고에서 얼음물과 종이컵을 꺼내 내 앞에 탁하고 두면서 말했다.

"선생님, 너무 힘들어 보입니다. 시원한 물 한잔 드세요."

비참하고 외로웠던 한낮의 전쟁을 그가 알 리 없었다. 나는 얼떨떨한 기분으로 얼음물을 한 모금 마셨다. 차갑고 시원한 얼음물이 목구멍을 타고 내려가는데 눈물이 왈칵 터져 나왔다. 그의 작은 친절이 나를 깊게 위로해 주는 것 같았다. 나는 아이들에게 들킬까 봐 모자를 푹 눌러썼다. 차가운 얼음물을 마시며 울음을 삼키려고 했지만, 불덩이를 삼킨 듯 목구멍은 뜨겁고 아팠다.

그 뒤 채아는 나에게 욕한 것에 대해서 사과를 했다. 앞으로 부적절한 말과 행동은 하지 않겠다고 약속했다. 채아의 사과와 약속을 받아들이면서 나와 채아 사이의 일은 표면적으로는 봉합된 듯 보였지만 그 일은 오랫동안 나에게 상처로 남았다.

졸업식 날, 깜깜한 학교 복도를 지나는데 교실 근처에서 부스럭대는 소리가 났다. 교실로 가 보니 우당탕탕 하며 아이들이 뛰는 소리가 들렸고 동시에 불이 켜졌다.
"와아아아아, 선생님 오셨어."
"선생님, 감사합니다."
칠판 빼곡히 아이들의 편지글이 있었다. 교실은 풍선과 꽃 장식으로 가득했고 교실 앞 바닥은 꽃잎으로 길이 깔려 있었다.
"선생님, 저희 새벽부터 와서 준비했어요."
"새벽에? 겨울이라 깜깜했을 텐데? 교문은 어떻게 열고?"
전혀 예상하지 못한 이벤트였다. 헤어지는 날 정성스런 파티를 준비한 아이들에게 고마웠고 아름답게 꾸민 교실을 보니 황송한 마음마저 들었다. 나는 아이들의 환호성을 들으며 꽃길을 밟았다. 케이크의 촛불을 끈 뒤 나를 둘러싼 아이들을 하나씩 보았다. 웃고 있는 아이들 사이로 채아의 얼굴도 보였다.
"채아야, 너도 이렇게 일찍 왔어?"
"얘들이 오라고 하잖아요. 별수 있어요? 오라는데 와야죠."

채아답게 뾰족하게 대꾸를 했다. 하지만 새벽에 일어나 아이들과 함께 파티를 준비했다는 사실이 놀라웠다. 다시금 채아의 마음이 궁금해졌다.

졸업식을 마친 뒤 나는 빈 교실에서 아이들이 준 편지를 하나씩 읽었다. 고마움을 전하는 아이들의 편지글 사이로 짧은 글 하나가 눈에 들어왔다.

'6학년은 좋은 추억이었습니다. 선생님 안녕히 계세요.'

-김채아-

그동안 보았던 것 중 가장 가지런하고 반듯하게 쓰인 채아의 글이었다. 나는 한참 동안 채아의 편지를 보았다. 일 년 동안 채아로부터 한 번도 들어 본 적이 없는 말이었다.

서로를 할퀴던 말로 상처 주었던 지난날이 떠올랐다. 채아를 이해하는 걸 포기했던 나, 채아에게 상처받는 걸 두려워했던 나, 채아를 애써 무시하려고 했던 내가 떠올랐다. 또다시 가슴이 아프고 시렸다. 6학년 생활이 채아에게도 상처였을까 봐 내심 걱정하는 마음이 있었다. 그런데 채아는 좋은 추억이었다고 말하고 있었다. 아이의 마지막 말이 적대감이 담긴 말이 아니어서 나는 안도했다. 아무런 인사 없이 그냥 헤어지지 않아서 다행이란 생각이 들었다. 조금이나마 마음을 표현해 주어 고마웠다. 굳게 닫혀 있어서 좀처럼 알 수 없던 채아의 마음을 처음이자 마지막으로 보았던 날, 나는 오랜만에 홀가분하게 깊은 잠을 잤다.

'선생님, 스승의 날이라 연락드려요. 선생님과 함께한 초등학교 생활은 진짜 잊지 못할 추억으로 남았습니다. 선생님, 보고 싶어요.'

'선생님, 추석 연휴 잘 보내세요. 올해 아무 일 없이 지나가길 기원하고 항상 웃으실 수 있기를 바랍니다.'

'저에게 주신 스승의 은혜 잊지 않고 가슴에 새기면서 지내고 있어요. 선생님, 사랑해요.'

'올해는 선생님에게 힘든 순간이 많으셨을 것 같아요. 그래도 이번 연휴에는 얼굴에 미소 가득하셨으면 좋겠어요.'

'선생님, 한 해 동안 수고 많으셨어요. 새해에는 행복과 웃음이 가득하시고 선생님에게 걱정보다는 편안함과 뿌듯함이 있으시길 바랄게요. 선생님과 함께했던 시간은 잊지 못할 추억이었어요.'

올해로 6년째 해마다 스승의 날이나 추석, 새해와 같이 명절이나 특별한 날이면 지연이는 빠짐없이 문자를 보내 왔다. 초등학교 시절의 추억과 그리움이 담긴 짧은 문자 편지는 시간이 흐르면서 깊은 감사가 담겼고 좀 더 지나서는 나의 건강과 편안함을 염원하는 내용까지 담겼다. 나에 대한 애정과 그리움이 담긴 문자는 해가 갈수록 길고 깊어졌다.

초등학교를 졸업한 이후 중학생이 되고 고등학생이 될 때까지 나는 지연이의 모습을 보지 못했다. 하지만 글을 통해 지연이의 성장을 느낄 수 있었다. 일상의 소소한 행복을 소중히 여기고 세상에 대한 따뜻한 관심과 애정을 잃지 않으며 커 가는 지연이의 모습이 그려졌다.

지연이를 가르치던 해, 나는 아침에 눈을 뜨면 마음이 간질간질 설렜다. 학교에 빨리 가고 싶었다. 교실 문을 열고 아이들을 보면 피식피식 웃음이 났다. 재미있는 놀이를 할 때 아이들이 즐거워하면 기분이 좋았고 아이들의 웃는 얼굴을 보면 덩달아 행복해졌다. 아이들이 나를 좋아하는 게 느껴졌고 그래서 더 힘이 났다. 빨리 만나고 싶고, 보고 있으면 기분 좋고, 하나라도 더 주고 싶은 마음이 절로 들었다. '그런데 이 마음, 예전에도 느껴 본 적이 있었는데…' 라고 생각하다가 불현듯 깨달았다.

'아! 나 지금 연애하나?'

아이들과 사랑에 빠진다는 게 이런 거구나 싶었다. 사랑에 빠진 사람처럼 나는 매일 아침 살랑거리는 마음을 안고 학교로 출근했다.

그해를 마지막으로 나는 다른 학교로 이동해야 했다. 발령받은 첫 학교에서의 마지막 해였던 만큼 종업식 날 아이들과의 이별이 실감났다. 한번 울컥하면 아무리 참고 틀어막아도 눈물을 줄줄 흘리는 나는 아침부터 마음을 단단히 먹었다.

'씩씩하게 웃으면서 아이들을 보내 줘야지.'

교실에 와서는 컴퓨터 모니터를 뚫어지게 쳐다보면서 오늘 할 일만 생각했다.

'나이스 마감은 다 했고, 출결 서류도 다 제출했고, 애들 짐도 빠짐없이 챙겨 가게 하고. 또 뭐 해야 하더라?'

그런데 그때, "선생님!" 하며 지연이와 유정이가 다가왔다.

"선생님, 이거 저희가 선생님께 드리는 선물이에요."

지연이와 유정이는 유리병에 담긴 카네이션과 함께 한 권의 책을 나에게 건넸다. 스물 여덟 명 아이들의 편지를 한 장 한 장 모아 엮은 편지책이었다. 예쁜 표지와 리본 장식에서 정성이 느껴졌다.

"어머, 고마워. 얘들아."

전혀 눈치채지 못했는데, 언제 이렇게 편지를 썼을까 싶었다. 첫 장을 여는 순간, 새하얀 종이에 힘주어 써 내려간 글에서 아이들의 마음이 보였다. 한쪽을 다 읽기도 전에 슬픔을 가두려고 튼튼하게 쌓아 두었던 마음의 둑이 와르르 무너지는 게 느껴졌다.

나는 황급히 두 손으로 얼굴을 감쌌지만 터져 버린 둑 사이로 흘러넘치는 홍수처럼 눈물이 쏟아졌다.

두 손을 감싸고 엉엉 우는 나를 본 아이들의 눈이 휘둥그레졌다.

"어? 어? 선-새-앵님!"

씩씩하게 아이들을 보내자는 나의 호기로운 다짐은 보기 좋게 무너졌다. 나는 어깨를 들썩이며 요란하게 울었고 그런 내 모습에 지연이와 유정이도 부둥켜안고 울기 시작했다.

교실 앞에 서서 셋이 울기 시작하자 앉아 있던 여학생들도 하나둘 나와 서로를 끌어안았다. 나는 눈물로 엉망이 된 얼굴로 종업식을 겨우 마쳤다.

"선생님, 사랑해요."
"선생님, 멋있어요."
"선생님, 너무 좋아해요."
아이들이 사랑을 표현할 때 처음엔 이런 생각도 했다.
'왜?'
'어디가 좋다는 거지?'
'내 어떤 점 때문에?'
애정 표현에 서툴고 무뚝뚝한 나는 아이들이 말과 글로 애정을 표현할 때마다 아이들의 사랑을 해석하고 분석하려 했다. 내가 교사라서, 내가 교실의 유일한 어른이라서, 내가 가르치고 놀이를 해 주니까 라며 이유를 찾으려 했다.

그런데 내가 찾은 이유는 절반쯤 맞고 절반쯤 틀렸다. 내가 어른이고 교사라서 아이들이 나에게 사랑을 주는 걸 수도, 아닐 수도 있다. 다시 말해 내가 누구인가는 별로 중요하지 않다는 생각도 들었다. 아이들은 아무런 이유나 대가 없이 사랑을 표현하는 존재이기 때문이다. 순수한 기쁨과 차오르는 사랑을 순간순간 표현하는 아이들. 그런 아이들로부터 가장 가까이에 있는 어른이 나이기에 고맙게도 내가 사랑을 받는 것이란 생각이 들었다.

'선생님, 사랑해요'는 '선생님, 저 지금 너무 기뻐요' '선생님이랑 친해지고 싶어요' '선생님이 좋아요'라는 말과 모두 같은 말이다. '선생님, 사랑해요'는 아이들이 느끼는 기쁨과 즐거움, 사랑의 마음을 모두 합한 말이다. 아이들은 마음을 드러내는 데 주저함이 없다. 그 솔직함이 상처가 될 때도 있지만 위로와 감동이 되기도 한다. 그래서 아이들의 사랑 표현을 나는 의심 없이 받아들이기로 했다.

3

어린이 작가들

Courage to Rewrite

글쓰기는 세상을 창조하는 기쁨을 준다. 아이들이 그 기쁨을 충분히 누릴 수 있도록 선택의 자유를 주는 것이 중요하다. 원하는 글감을 선택할 자유, 생각나는 대로 쓸 수 있는 자유, 무엇이든 쓰고 비난 받지 않을 자유. 자유롭고 허용적인 분위기 속에서 상상한 것을 용기 있게 쓸 수 있도록 격려해 주어야 한다. 모든 어린이들에게 글쓰기가 '상상으로 할 수 있는 재미있는 과제'이길 바란다.

아이가 일곱 살이 되었을 무렵, 자려고 불을 끄면 늘 이렇게 물었다.

"엄마가 죽으면 저는 어떡해요?"

누가 그랬던가, 우리가 매일 밤 자는 건 죽음을 연습하는 거라고. 어두운 밤이면 본능적으로 죽음에 대한 생각이 살아나는지 아이는 밤이 되어도 좀처럼 자려 하지 않았다.

"엄마가 죽으면, 엄마가 죽으면요?"로 시작되는 아이의 불안은 "엄마, 엄마가 죽으면 저는 하늘나라에 누운 엄마 옆에 계속 누워 있을 거예요."라는 울음으로 끝이 났다. 우는 모습이 안쓰럽기도 하고 귀엽기도 해서 나는 아이를 꼭 안아 주곤 했다.

'갑자기 부모님이 돌아가시면 어떻게 살아야 하지? 사람이 이 세상에서 사라진다는 건 어떤 의미일까?'

나도 이런 생각을 한 적이 있다. 초등학생일 때, 어느 날 갑자기 찾아온 걱정스런 의문에 나는 신호등 색이 바뀐 줄도 모르고 건널목 앞에서 한참 서성거렸다. 어려운 시험문제를 마주한 학생처럼 해답을 찾아야만 집에 갈 수 있을 것 같은 초조함이 들었던 그때가 인간의 숙명에 대해 내가 진지하게 인지한 때였던 것 같다.

프랑스 철학자 장 폴 사르트르는 '존재가 본질을 앞선다'라고 말했다. 인간에게 미리 정해진 본성은 없으며 인간은 아무것도 아닌 존재로 세상에 태어난다는 것이다. 인간은 세상에 던져지고 선택을 통해 미래로 나아간다. 타고난 본성은 존재하지 않으므로 우리는 끊임없이 선택하고 결과에 책임져야 한다. 그렇기에 선택을 앞둔 인간이 불안한 건 당연하다. 불안은 인간의 숙명이다.

 불안은 때가 되면 찾아오는 허기처럼 종종 나를 찾아왔다. 그래서였는지 모른다. 나와 비슷한 고민에 빠진 사람들, 인간의 숙명과 한계로 불안에 떠는 사람을 찾아 그들의 이야기를 듣고 싶었다. 나는 그렇게 문학에 빠져들었다. 책장을 넘기면 완전히 다른 세계의 문이 열렸다. 문학 속 주인공들은 죽을 고비를 몇 번씩 넘기고 사랑하는 사람의 죽음을 경험하기도 한다. 고통 속에서도 인생은 계속되었고 삶과 죽음은 동전의 양면 같았다.
 문학 속에서 시공간을 초월해 다른 삶을 살다가 현실로 돌아오면 현실에서 겪는 불안은 견딜 만한 것이 되었다. 내가 현실에서 겪는 이까짓 사건은 문학 속 주인공들이 겪는 일에 비하면 아무것도 아니었기 때문이다. 삶의 불안을 담담하게 받아들이는 주인공을 보면서 역경을 견뎌 내는 용기를 얻었다. 누군가 내 삶을 상처 내도 다시 일어설 수 있는 힘도 얻었다. 문학이라는 낯설고도 매혹적인 세계를 헤매면서 나는 조금씩 단단해졌다.

요즘은 독서를 즐기는 아이들 보기가 참 힘들다. 노래를 부르거나 운동을 잘하는 능력처럼 책 읽는 능력 역시 소수의 아이만이 가진 특별한 재능처럼 여겨지기도 한다. 책장을 열기도 전에 아이들을 유혹하는 것이 너무 많기 때문이다. 여가 시간이 생기면 아이들은 유튜브나 게임, SNS를 보며 시간을 보낸다. 영상매체를 통해 손쉽게 쾌감을 얻으면서 독서의 즐거움으로부터 점점 멀어진다. 방과 후에도 학원을 다니며 학습으로 지친 아이들에게는 낯선 세계에서 어슬렁거릴 여유나 에너지가 없기 마련이다. 독서를 통해 나와 타인을 이해하고 호기심을 가지며 세상을 탐구하기가 어려운 것이 요즘의 환경이다.

나는 아이들이 독서를 통해 자신을 들여다보고 타인을 이해하는 힘을 기르길 바란다. 나 자신과 다른 사람들을 이해하고 수용할 수 있도록 생각의 지평을 넓히길 바란다. 아름다운 세상에 대한 경외심과 열망을 잃지 않고 삶의 위기를 극복할 수 있는 용기를 얻기를 바란다.

아이들이 독서를 통해 낯설고 매혹적인 세계에서 헤맬 여유. 그게 바로 내가 교사로서 아이들에게 줄 수 있는 것이 아닐까.

"선생님, 책 읽기 싫어요. 재미없어요."

아이들의 이런 투정에도 나는 아랑곳하지 않고 말한다.

"아침 독서합시다!"

제 글의 문제점을 비판해 주세요

"정민아, 네 글이 참 좋은데 친구들한테 들려줘도 될까?"
"싫어요. 선생님!"
"네가 읽는 게 부끄러우면 선생님이 대신 읽으면 어때?"
"…"
"그것도 싫어?"
"네. 절대 안 돼요."
"누군지 안 밝히고 글만 읽어 주는 건, 그건 어때?"

나는 아이들에게 교실에서 쓰는 글은 우리가 모두 함께 보는 글이라 강조한다. 그래서 글쓰기 후엔 꼭 글을 발표하는 활동을 한다. 몇몇 아이들은 부끄럽다며 거절하지만 나는 집요하게 요구한다.

'내가 초등학교 4학년 때의 일이있다. 친구들과 나는 학교의 빈 교실에 몰래 들어가서 레슬링을 하며 놀았다. 선생님도 친구들도 모르게, 친구와 한참 장난을 치던 중 친구의 기술 공격에 다리가 삐끗하면서 무릎이 꺾였다. 이러다가 나 죽는 거 아니야 하면서 나는 옆으로 고꾸라졌다. …'

목소리를 과장하고 연기하면서 나는 아이의 글을 읽어 준다. 아이들은 누구의 글일까 상상하며 흥미롭게 듣는다. 나는 글을 읽으면서 슬쩍슬쩍 글쓴이의 표정을 살핀다. 자신의 글이 소개되는 것이 기쁜지 아이의 표정은 상기되어 있다.

"야, 이 글 주인 연우 같지 않냐?"

"아니야, 세준이 같은데."

"우아, 재밌네. 잘 썼다."

아이들은 저마다 반응하며 누굴까 추리한다. 친구들의 열렬한 반응을 본 뒤 자신감을 얻은 아이는 "이 글 내가 썼어."라고 재빨리 밝히기도 하고 아주 수줍게 자신이 쓴 글이라고 밝히기도 한다. 글쓴이가 누구였는지 밝혀지면 다른 아이들은 손뼉을 치며 환호한다. 재미있게 감상한 것에 대한 보답인 셈이다. 친구들의 열렬한 박수와 환호 덕분에 글을 발표한 아이의 두려움과 걱정은 자신감과 용기로 뒤바뀐다.

자신이 쓴 글을 친구들 앞에서 발표하는 일은 결코 쉽지 않다. 친구들의 시선과 반응, 평가를 견뎌야 하는 일이기 때문이다. 나도 내 글을 사람들에게 보여 주는 일이 참 어려웠다. 내 글에 대한 조언이나 비판이 마치 나에 대한 비난과 공격처럼 느껴져서 상처를 받기도 했다.

하지만 분명한 건 자기 글을 다른 사람들에게 보여 주는 경험은 무척 중요하다는 것이다. 그래서 나는 아이들이 쓴 글을 전체 친구들 앞에서 읽어 주거나 모둠끼리 돌려 읽도록 한다. 앞에 나와 발표하는 걸 부담스러워 하는 아이들도 모둠 안에서 발표하는 것은 거부감 없이 참여한다.

모둠 돌려 읽기를 할 때에는 스티커를 종종 활용한다. 모둠원 모두가 돌아가며 글을 읽고 경청해 준 친구에게 스티커를 붙여 주는 것이다. 작은 스티커 한 장이 경청의 촉진제가 된다. 내 글을 집중해서 들어 주는 친구의 태도에서 아이들은 공감 받는 기분을 느낀다. 비슷한 경험을 공유하면서 서로를 좀 더 이해하게 된다. 친구에게 자신의 글을 읽어 주고, 또 친구의 글을 읽는 과정을 통해 소통의 즐거움을 알게 된다. 그렇기에 나는 교실 속 글쓰기는 혼자만의 활동이 아닌 함께하는 활동이어야 한다고 믿는다.

민채는 글쓰기에 진심인 아이였다. 글을 쓸 때면 오랫동안 고심하는 게 보였다. 글쓰기 시간을 넘기고 나서도 마무리하지 못한 날이면 민채는 꼭 남아서 글쓰기를 하고 갔다. 민채가 자발적으로 남아서 글쓰기를 하면 단짝 친구인 세정이는 민채에게 핀잔을 주기도 했다.

"너 그만 좀 써. 이만하면 많이 썼잖아. 대충 끝내고 가자."

나는 다른 일을 하면서 민채와 세정이의 대화를 몰래 들었다. 빨리 가자는 친구의 성화에도 민채는 뜻을 굽히지 않았다.

"아니야. 나 좀 더 잘 써 보고 싶어."

민채의 앙다문 입술이 다부져 보였다. 글감에 대해 골똘히 생각한 뒤 글을 쓰던 민채는 다음 날 무려 공책 네 쪽에 걸쳐 글을 써 왔다. '나의 장점 10가지 써 보기'라는 주제였는데 자신의 장점과 그렇게 생각하는 이유, 실제 생활 속 사례를 구체적으로 풀어서 쓴 글이었다. 나는 민채의 글을 보며 입이 떡 벌어졌다. 진지하게 글쓰기를 하는 모습과 끈기 있게 완성하는 태도도 훌륭했지만 글 속에 드러난 민채의 긍정적인 마음가짐에 큰 감동을 받았다. 민채의 단단한 내면이 글 곳곳에 녹아 있었다. 글이 너무 마음에 들었던 나는 민채에게 말했다.

"민채야, 네 글 다른 선생님들한테 보여 주고 싶은데, 네 생각은 어때? 잘 쓴 글의 사례로 말이야."

그때 돌아온 민채의 대답은 더 놀라웠다.

"정말요? 선생님, 저는 너무 좋아요. 그런데 제 글의 장점이 아니라 단점을 지적하셔도 괜찮아요. 문제점을 비판해 주신다 해도 영광이에요. 제 글이 소개되는 것만으로도 감사해요."

나는 그날 민채가 어른인 나보다 훨씬 더 성숙한 사람이란 걸 알았다. 민채는 솔직하게 글을 쓰는 용기 있는 아이였으며, 칭찬에 자만하지 않고 비판에 겸허한 아이였다. 남들의 기준이 아닌 자기만의 기준으로 당당하게 세상을 살 수 있는 아이라는 생각이 들었다. 세상이 내는 소음으로부터 자유로우며 내면의 목소리를 따라갈 수 있는 민채의 용기를 언제까지나 응원하고 싶다.

소소하지만 특별한 시도

매일 꾸준히 하는 것은 사람을 변화시킨다. 무언가를 규칙적으로 하기 위해서는 해야 할 것의 내용과 시간을 구체적으로 정하는 것이 중요하다. 아이들이 등교한 뒤 1교시 시작 전까지, 비록 짧은 시간이지만 나는 그 시간이 무언가를 꾸준히 실천할 수 있는 보물 같은 시간이라 생각한다.

격언 카드와 고운 말 카드를 뽑아 공책에 적는 활동, 동시를 필사하고 인상적인 구절을 찾는 활동이 지난 몇 년간 매일 해 왔던 아침 활동이다. 길어야 5분 정도 걸리는 이 소소한 활동이 끝난 뒤에는 아침 독서를 한다. 1교시 수업 전까지라고 해 봤자 고작 10분에서 20분에 해당하는 짧은 자투리 시간이지만, 하루도 빠짐없이 아이들이 책을 읽도록 한다.

"선생님, 우리 애는 집에서 책을 전혀 안 읽어요."

"저학년 때는 책을 좋아했는데, 지금은 스마트폰만 보려고 해요."

학부모로부터 종종 듣는 이야기다. 초등학교 저학년 때까지 책을 좋아하던 아이들도 고학년이 되면 책에 대한 관심이 급격하게 떨어진다. 특히 스마트폰을 이른 나이에 갖게 될수록 아이들은 책과 멀어진다. 몇 년째 고학년을 주로 맡아 온 나는 책에 대한 아이들의 집중도나 관심도가 부쩍 떨어졌음을 느낀다. 그래도 다행인 건 아이들은 어른과 달리 금방 변화한다는 점이다.

학기 중반쯤이 되면 아침 독서 시간에 난관이 찾아온다. 아이들은 책을 펴지만, 좀처럼 책 안으로 들어가지 못한다. 눈으로만 건성건성 읽으며 지루함을 견딜 뿐이다. 옆 친구와 떠들고 싶은데 선생님 눈치가 보여 쉽게 시도하지 못한다. 그저 누군가 이 조용한 분위기를 깨 주면 좋겠다는 눈치다. 텔레파시가 통했나 싶게 마침 장난기 많은 친구 한 명이 웃긴 이야기를 한다. 이때다 싶게 아이들은 한마디씩 말을 보태며 웃고 떠들고 교실은 금세 시끄러워진다. 결국 아침 독서 시간은 아침 수다로 마무리된다.

이때쯤 되면 아침 독서 분위기를 다시 잡아 준다. 나는 매일 아침, 잔잔한 클래식 음악을 튼 뒤 컴퓨터 메모장을 열어 '아침 독서' 네 글자를 TV 화면으로 띄운다. 긴 잔소리보다는 짧지만 명료한 시각신호와 청각신호를 주는 거다. 무엇을 하는 시간인지 아이들 모두 알고는 있지만, 그 행동을 실천하기까지 매일 이런 신호를 반복적으로 주어야 한다.

이렇게 신호를 주면 상당수의 아이들이 책을 펴고 읽는다. 하지만 여전히 떠들거나 딴짓을 하거나 돌아다니는 아이들도 많다. 그러면 아침 표어를 TV 화면에 띄우고 반 전체가 함께 읽는다.

'아침에 조용히 해요. 친구에게 피해 주지 않아요. 함께 책을 읽어요.'

표어를 보여 주되 잔소리는 가급적 피한다. 그저 아이들로

하여금 표어를 읽게 한다. 표어를 읽는 것은 두 가지 효과가 있다. 주의를 집중시키면서 자발적 선택을 유도한다는 것이다.

'계속 떠들면서 남에게 피해를 줄 것인가 아니면 여기서 멈출 것인가.'

교사가 원하는 답을 강요하지 않고 아이들 스스로 독서를 선택하게 한다. 아이들은 스스로 선택했다고 믿을 때 그 일을 능동적으로 실천하기 때문이다. 스스로 선택한 일에 대해서는 즐거운 마음으로 할 수 있다. 이러한 과정을 통해 아이들의 자기 조절력과 효능감도 올라가게 된다.

이제 아이들은 떠드는 것만큼은 멈춘다. 책 읽기 외의 다른 활동을 하는 건 조금은 눈감아 준다. 전체 독서 분위기를 깨지 않는 데 먼저 집중하기 위해서다. 여전히 떠드는 아이가 있으면 교실을 돌아다니며 떠드는 아이 옆에 가서 조용히 서 있는다. 그저 옆에 서 있기만 해도 아이는 잠깐 멈칫하며 선택의 갈림길에 선다. 선택의 갈림길에서 잠깐 고민하다가 아이는 책을 가져와서 읽는다. 나는 아이의 행동을 격려해 주고 다시 교실을 돌아다닌다. 조용히 책에 몰입하는 분위기가 만들어지면 딴짓을 하던 아이들도 주변 분위기에 따라 책을 읽는 경우가 많다.

이 외에 독서 점검표를 활용하는 것도 도움이 된다. 하이클래스 학급 기록 툴을 활용해 독서 점검표를 TV 모니터로 띄워 독서하는 아이들의 이름을 표시해 주는 것이다. 독서 활동 여부를 점검표에 표시해 보여 주는 것만으로도 아이들은 자신의 행동을 스스로 점검하고 옳은 방향으로 나아가려고 한다.

 매일의 독서를 기록하고 한 달이 지난 시점에 아이들과 공유했다. 한 달간 아침 독서를 빠짐없이 실천한 것만으로도 아이들은 '뿌듯함'이라는 보상을 얻는다. 반 전체 아이들의 성향에 따라서 작은 선물을 주기도 했다. 어떤 해는 아이들 스스로 느끼는 성취감 자체가 보상이 되어서 내가 별도의 보상을 할 필요가 없기도 했다. 하지만 독서에 흥미가 없는 아이들이 많을 때 간단한 보상은 조금 도움이 된다. 보상으로 주는 선물은 작고 사소한 것으로 하고 시간이 흐를수록 책을 통해 얻는 재미나 성취감이 가장 큰 보상이 될 수 있도록 유도했다.

 1학기에 공을 들이면 2학기쯤 자연스레 아침 독서 습관이 만들어졌다. 음악을 틀고, '아침 독서' 네 글자를 화면에 띄우기만 해도 아이들은 자연스럽게 책을 읽었다.

 그러나 책이라면 당장 내던지고 싶을 만큼 싫다고 말하는 아이들도 있었다. 그 아이들은 아침 독서를 피하기 위해 운동장과 학교 근처를 배회하다가 1교시 종이 울릴 때가 되어서야 헐레벌떡 교실로 들어왔다. 시끄럽게 떠들며 교실로 들어와 조용한 독서 분위기를 깨기도 했지만 시간이 지나면서 이 아이들도 조금씩은 변했다. 지각하더라도 독서하는 아이들을 배려하며 교실로 들어왔고 어쩌다 책을 펴기도 했다.

매일 꾸준히 하는 것은 어렵다. 그렇기에 오늘 잘 안된다고 해서 실망할 필요는 없다. 다시 시도할 수 있는 내일이 찾아오기 때문이다. 마치 화초를 가꾸듯 매일 아침 책 읽는 분위기를 가꿔 나가면 된다. 독서를 향한 소소하지만 특별한 시도만으로도 이미 충분하다.

글쓰기의 씨앗 뿌리기

초두효과란 맨 처음 제공된 정보를 가장 잘 기억하는 현상을 뜻한다. 그래서 나는 아이들과 첫 만남 때 일 년간 꾸준히 하게 될 것을 강조하여 이야기한다. 내가 중요하게 생각하고, 함께하게 될 것 중 하나가 글쓰기라는 것을 아이들에게 알려 준다.

글쓰기 첫 시간에는 3월부터 12월까지 달별로 정리된 글감 목록을 제시한다. 글감 목록에는 아이들의 흥미를 유발하는 소재와 학년 교육과정과 연관된 내용이 적절하게 섞여 있다. 글감을 주되 그날따라 꼭 쓰고 싶은 내용이 있다면 그걸 써도 좋다고 말해 준다. 매주 수요일이나 목요일 첫 시간은 글을 쓰는 시간이고 필요하다면 시간은 좀 더 줄 수 있다고 일러둔다. 글쓰기 첫 시간에 아이들에게 글감과 글 쓸 시간, 글쓰기 이후 하게 될 활동 등 대략적인 과정을 소개하는데, 이때 해야 할 가장 중요한 일은 따로 있다. 바로 아이들과 글쓰기에 대한 생각을 충분히 나누는 것이다. 글쓰기가 왜 필요할까 묻는 나의 질문에 아이들은 여러 가지 대답을 한다. 저학년 어린이들은 글을 쓰다 보면 글씨를 잘 쓰게 된다는 답변을 빼놓지 않는다. 조금 자란 어린이들은 글을 쓰면 생각 주머니가 넓어진다고도 한다. 아이들은 주변 어른들로부터 숱하게 들어 알고 있는 것들을 말한다.

나는 글쓰기가 공기 같은 거라고 말해 준다. 우리가 호흡하기 위해서 공기가 필요하듯 우리가 더불어 살아가기 위해서는 말과 글이 필요하기 때문이다. 다른 사람들과 조화롭게 살기 위해서 우리는 글을 쓸 수밖에 없는 존재다.

나의 말에 몇몇 아이들은 갸우뚱한 표정을 지으며 묻는다.

"선생님, 저는 글 안 쓰는데요."

"공기가 없으면 못 살지만 글은 안 써도 살 수 있지 않나요?"

아이들 말처럼 글을 별로 쓰지 않거나 글 쓸 필요를 느끼지 못하는 경우도 많다. 하지만 빈도와 양의 문제일 뿐 우리는 일상생활에서 문자 메시지를 보내거나 SNS에 글을 올리고 유튜브 댓글을 다는 등 말과 글을 사용하며 사람들과 소통한다.

내 생각을 말과 글로 상대방에게 잘 전달하는 것은 중요하다. 상대방과 잘 소통하고 교감할 때 우리는 행복감을 느낄 수 있기 때문이다. 나의 생각을 글로 쓰다 보면 생각이 다듬어지고 보다 논리정연해지기도 한다. 생각이 정리되면 사람들과 더 잘 소통할 수 있게 되는 것이다. 이렇게 이야기를 나누다 보면 아이들의 표정이 사뭇 진지해진다.

"글쓰기의 매력이 또 뭐가 있을까?"

나는 아이들과 문답을 계속한다. 아이들은 글을 쓰면서 속이 후련했던 경험, 화가 났던 마음이 편안해졌던 경험, 친구의 글을 통해 친구를 더 깊게 이해했던 경험들을 이야기한다.

"선생님, 글쓰기에 좋은 점이 참 많은 것 같아요."

몇몇 아이들은 글쓰기에 대한 기대감으로 눈을 반짝인다. 나는 아이들에게 글 쓰는 일이 여러분에게 즐겁고 재미있는 일이 되기를 바란다는 말을 덧붙인다.

글쓰기 첫 시간, 나는 아이들이 글쓰기에 대해 긍정적인 기대를 할 수 있도록 노력한다. 긍정의 마중물을 부어 일 년간의 긴 여정을 기쁘게 시작할 수 있도록 돕는 것이 나의 역할이기에 첫 시간에 공을 많이 들인다. 그만큼 글쓰기는 끈기가 필요한 일임을 누구보다도 잘 알고 있기 때문이다. 글쓰기 마라톤을 하기 전 운동화 끈을 단단히 맬 준비를 하는 것이다. 글쓰기 수업을 하다 보면 꼭 듣는 아우성이 있다.

'선생님, 생각이 안 나요.'

'쓸 말이 없어요.'

'분량을 못 채우겠어요.'

생각을 글로 쓰는 힘겨운 시간을 일 년간 지속하기 위해서는 글쓰기를 통해 얻게 될 유의미한 것들을 미리 그려 주는 것이 중요하다.

'힘들지만 의미 있는 활동을 하고 있구나.'

'내가 어제보다 좀 더 나은 생각을 하고 있네.'

'중요하고 가치 있는 활동을 하고 있어.'

'내가 성장하고 있네.'

이런 생각들이 글쓰기를 지속하는 힘이 되기에 글쓰기 첫 시간, 나는 긍정과 희망의 씨앗을 아이들 마음에 뿌려 준다.

발로 시작해서 머리로 완성하기

어느 해 우리 반 아이들은 유난히 글쓰기를 싫어하고 힘들어했다. 글쓰기 시간을 싫어할 뿐 아니라 좀처럼 글도 늘지 않았다. 정체기가 길어질수록 교사로서 고민이 깊어진다.

"글쓰기가 왜 힘드니?"라고 물으면 상당수의 아이가 "생각이 나지 않아요."라고 답한다. 글감에 대한 직간접적인 경험이 부족한 데다 생각으로만 글을 쓰려고 하니 글쓰기가 힘든 것이다. 이럴 때는 오감에서부터 나오는 글을 쓰도록 하는 게 필요하다.

'10초 동안 물을 머금은 뒤 그 느낌을 쓰시오.'는 아이들이 좋아하는 글쓰기 소재 중 하나다.

물을 뜨러 교실 밖으로 나갈 수 있다는 사실만으로도 아이들은 들뜬다. 물을 떠 오고 마시는 경험만으로도 새롭고 신나기 때문이다. 아이들은 천천히 물을 마시면서 평소와는 다른 느낌이 생긴다. 옆 친구가 물 마시는 모습에 웃음도 나면서 교실은 금세 수다로 왁자지껄해진다.

"물이 입안에 있지 않고 자꾸 목구멍으로 넘어가요."

"물이 너무 차가워서 머금고 있을 수가 없어요."

"물이 너무 금방 넘어가서 별 느낌이 안 나요."

물을 머금었을 때 든 느낌을 찬찬히 음미하다 보면 쓸 말이 떠오른다. 입안의 느낌, 목구멍의 감촉, 몸의 반응, 친구의 반응 등 글로 쓸 만한 것들이 의외로 많다. 오감으로 느낀 것을 하나둘 묘사하다 보면 조금씩 어떤 생각이 떠오른다. 느낌과 생각을 종합하면 한 편의 글이 되는 것이다.

> 물이 입안을 간지럽힌다. 뱀처럼 이리저리 돌아다니면서 입천장을 간지럽혀서 웃음이 터져 나올 것 같았다. 냅다 뱉어 버리고 싶은 마음도 있었지만 꾹 참았다. 내 식도를 넘어 뱃속으로 들어가는 물의 몸뚱아리가 시원하고 상쾌하게 느껴졌다. 물은 내 몸 곳곳을 돌아다니겠지. 물이 뱀처럼 영리하게 여겨졌다. **6학년 문유찬**

> 물을 뜨러 교실 밖으로 나갔다. 정수기에서 물을 받아 오는데 성호가 화장실에서 물장난을 치고 있는 게 보였다.
> "너 뭐 해?"
> 내가 묻자 성호가 말한다.
> "뭐 하긴, 선생님이 물 머금어 보라고 하셨잖아. 그거 하는 중인데!"
> "야, 물을 마셔 보라는 거지 너처럼 물장난하라는 게 아니잖아."
> 성호는 물을 머금는다는 게 물을 틀어 놓고 장난쳐 보라는 걸로 생각했나 보다. **6학년 백준석**

> 선생님이 10초 동안 물을 입에 머금고 있어 보라고 하셨다.

나는 물통에서 물을 따라 한 모금 마셨는데 마시자마자 목구멍으로 넘어갔다. 자꾸 물이 목구멍으로 넘어가서 여러 번 마셔야 했다. 겨우 입에 물을 머금은 뒤 시계를 보았다.
'1초, 3초, 5초. 10초가 이렇게 길었나?'
이상하게도 시간이 너무 천천히 흘렀다. 순간에 집중하면 10초라는 짧은 시간도 10일처럼 긴 시간이 될 수 있다는 것을 느꼈다. 시간은 상황에 따라 다르게 흘러간다는 것을 알게 된 경험이었다. **6학년 손지호**

'하루 동안 친구들을 관찰해 몰래 글쓰기' 역시 아이들이 무척 좋아하는 소재다. 평소와 다를 것 없는 똑같은 하루지만 아이들은 친구들을 유심히 보는 것만으로도 즐겁고 긴장된다.

지호는 모자 부자다. 매일 다른 색깔과 모양의 모자를 쓰고 학교에 온다. 어제는 하늘색 야구 모자를 쓰고 왔는데 오늘은 하얀색 벙거지 모자를 쓰고 왔다. 선생님은 지호를 불러 모자를 안 쓰고 왔으면 좋겠다고 하셨다. 아이들이 지호 모자를 벗겨서 던지고 받는 장난을 치기 때문이다. 지호는 아이들이 장난을 쳐도 선생님이 쓰고 오지 말라고 해도 꿋꿋하게 쓰고 온다. 고집 참 세다.
"너 모자 안 쓴 게 더 나아."
지호가 모자를 쓰든 안 쓰든 나랑은 상관없는 일이지만 한

마디 해 줬다. 그런데 다음 날, 지호가 모자를 안 쓰고 와서 깜짝 놀랐다. 선생님이 아무리 잔소리해도 듣지 않던 애가 웬일인가 싶었다. 지호가 나를 좋아한다고 세진이가 말해 준 적이 있었는데 진짜 나를 좋아하나 싶은 생각이 들었다.

6학년 이지율

친구를 관찰하다 보면 다양한 모습을 발견하게 된다. 수업 들을 때의 표정은 어떤지, 쉬는 시간에는 누구랑 무얼 하며 노는지, 밥 먹을 때 특별한 습관은 무엇인지 등등 하루 동안 친구를 관찰한 경험은 술술 글로 써진다. 글감을 받았을 때부터 글쓰기 할 때까지의 하루가 흥미롭다. 관찰한 내용을 적다 보면 조금씩 생각이 나고 그 생각들을 담으면 어느새 한 편의 글이 탄생한다.

보고 듣고 느낀 대로 쓴 글은 생동감이 넘친다. 사람마다 느끼는 것들이 다르므로 개성이 생긴다. 감각이 생각의 근거가 되기 때문에 감각에서부터 출발해 생각을 담은 글은 흥미롭고 설득력 있는 글이 된다.

감각과 체험이 빠진 글쓰기는 뻔한 내용으로 흐르기 쉽다. 그런 글은 쓰는 사람과 읽는 사람에게 별다른 감흥을 주지 못한다. 아이들의 글이 비슷비슷하고 식상하다면 머리로만 글을 쓰고 있지는 않은지 살펴봐야 한다. 뭔가 체험할 기회를 만들어 준 다음 느끼고 관찰한 것을 쓰게 하는 것도 좋은 방법이다.

나만의 별자리를 만들어요

유나는 늘 깍듯하고 절도 있게 인사하는 아이였다. 굵고 낮은 목소리로 '선생님, 안녕하십니까'라고 인사하고는 돌아서면 친구들과 종일 깔깔거렸다. 흥이 많고 흉내를 잘 내는 유나답게 글에도 엉뚱한 시선과 재기발랄함이 있었다. 아무리 진지한 주제라도 유나만의 재치 한 줌이 담겨 있는 글에 나는 피식피식 웃을 때가 많았다. 하지만 유나에게도 한 가지 어려움이 있었다.

"선생님, 개요 쓰는 게 너무 어려워요. 안 쓰면 안 돼요?"

글감에 대한 다양한 아이디어를 마인드맵으로 정리하고 문단별 개요를 쓴 뒤 본격적으로 글을 쓰는 게 우리 반 글쓰기 수업의 과정이었다. 개요를 쓰는 이유는 크게 두 가지였는데 첫째는 문단별로 중심 생각이 꼭 담기도록 하기 위해서다.

"중심 생각을 잡고 글을 써야 글 속에서 길을 잃지 않아. 충분히 생각하지 않고 글을 쓰다 보면 내용이 빈약해지거나 똑같은 말만 반복하게 되거든."

나는 글의 형식과 문단에 대해 강조했다. 어떤 글을 써야 할지 막막할 때 형식을 알려 주면 그 막막함이 조금 해소될 수 있다고 생각했기 때문이다.

두 번째 이유는 개요를 써야 긴 글을 쓸 수 있기 때문이다. 나는 아이들이 써야 할 글의 분량을 정해 주고 아이들이 글쓰기에 익숙해지면 분량을 조금씩 늘려 갔다. 분량을 정해 주지 않으면 몇몇 아이들은 글쓰기 시간을 적당히 때우다 종이 치면 후다닥 마무리했기 때문이다. 대충해서는 실력이 잘 늘지 않기 때문에 나는 아이들의 글쓰기에 적절한 분량을 정해 주는 편이다.

글을 쓸 때 생각이 안 나는 것은 너무 당연한 거라고 나는 아이들을 달래곤 했다. 무언가 생각을 해내려고 낑낑거리는 경험이 중요하다는 것을 강조하며 너무 쉽지도 너무 힘들지도 않을 글쓰기 분량과 원칙을 아이들에게 은근히 강조했다. 하지만 나의 이런 원칙이 흔들릴 정도로 유나는 집요하게 졸라댔다.

"선생님, 개요 꼭 써야 해요? 개요를 안 쓰고 써야 더 잘 써져요. 개요 안 쓰고 그냥 시작하면 안 될까요? 선생님, 제발요."

결국 유나의 청에 못 이겨 개요를 생략하고 글을 쓰게 했다. 개요 없이 쓰게 하자, 유나의 글은 다듬어지지 않은 솔직한 생각과 정돈되지 않은 날것의 표현으로 가득했다. 틀에 얽매이지 않고 자유롭게 추는 춤처럼 투박하지만 강렬한 힘이 있었고 거칠지만 생각의 흐름이 유창했다. 제한된 형식이나 틀로는 가둘 수 없는 개성과 에너지가 뿜어져 나왔다. 유나의 글은 딱 유나 자체였다. 무엇보다 유나는 글 속에서 정말 신이 나 있었다.

'글쓰기에는 두 가지가 있다. 하나는 건축적 글쓰기. 건축에는 먼저 설계도가 있다. 그 설계도에 맞추어서 건축자재들이 수집되어 맞추어지면 집이 된다. 또 하나는 별자리적 글쓰기. 별들은 저마다 홀로 빛나며 흩어져 있다. 그 별들 사이에 먼눈으로 금을 그으면 별자리는 태어난다. 흩어져 빛나는 별들 그대로, 그러나 나만이 알고 있는 금긋기를 통해서 별들 사이에서 태어나는 그 어떤 조형. 명멸하는 먼 별들이 없으면 나의 금긋기도 없다. 나의 금긋기가 없으면 별들의 별자리도 없다. 내가 생각하는 글쓰기는 이런 글쓰기가 아닐까. 그러나 별보다 더 멀어서 아득하기만 한 글쓰기.'
『조용한 날들의 기록 : 철학자 김진영의 마음 일기』(김진영, 한겨레출판)

유나는 '저마다 홀로 빛나며 흩어져 있는 별들을 하나씩 연결해 그녀만의 별자리'를 만드는 것 같았다. 명멸하는 먼 별들을 하나로 모으는 일은 거창한 계획만으로 되지 않는다. 먼 별들을 오랫동안 응시하며 침잠할 때 새로운 별자리가 조금씩 모습을 드러낸다.

어떤 이에게 글쓰기는 건축적 글쓰기일 수도 별자리적 글쓰기일 수도 있다. 아니 모든 글쓰기는 건축적 글쓰기이면서 별자리적 글쓰기다. 하지만 건축적 글쓰기에 매몰되어 한 걸음도 나아가지 못할 바엔 별자리적 글쓰기를 하는 게 더 나을 수 있다. 야심차게 계획을 세우더라도 계획은 계획일 뿐, 인생도 글도 계획대로 흘러갈 리 만무하기에 계획을 세우느라 너무 고심하느니 그냥 하는 게 더 낫다.

글을 쓰다 보면 처음 계획과는 다르게 전혀 새로운 길로 가게 된다. 낯선 장소에 홀로 내던져진 여행자처럼 지도에는 없는 길을 더듬거리며 찾아 나서야 하는 야속한 운명에 처한다. 미로에 갇혀 같은 길을 빙빙 돌며 헤매기도 하지만 이 과정에서 뜻밖의 절경을 만나기도 한다. 때론 지루하게 반복되는 풍경 속에서 심오한 깨달음을 얻기도 한다. 유나 말대로 계획이 전부가 아님을 나는 오랫동안 잊고 있었다.

유나는 나에게 말했다.
"선생님, 저는 글 쓸 때 너무 신나요. 쓰다 보면 생각지도 못하는 것들이 마구 쏟아져 나와서 신기해요. 다 쓴 뒤에 제가 쓴 글을 읽는 게 웹툰 보는 것만큼이나 재미있어요."
나는 유나의 생동감 넘치는 글을 볼 때마다 피카소가 떠올랐다. 피카소는 '내가 그림을 그리는 게 아니라 그림이 내 몸을 빌려 태어나는 것'이라고 말했다. 피카소의 말처럼 유나의 글도 유나의 몸을 빌려서 태어나는 것 같았다.

내 인생 최고의 글

어느 날 교실에서 수업을 받고 있는데 갑자기 배가 아팠다. 선생님께 '화장실 다녀오겠습니다'라고 하려는데 갑자기 교실에서 싸움이 났다. 선생님께 화장실 다녀오겠다고 했더니만 선생님은 이건 너희도 들어야 할 말이라며 아이들이 싸운 일에 대해 한참 이야기하셨다. 나는 꾹 참고 기다렸다. 10분 정도 지났을까? 다시 물어보려 했지만, 선생님의 말씀은 끝나지 않았다. 20분, 30분, 40분, 50분, 1시간까지 기다렸다. 나는 이게 꿈인가 볼때기를 때려 봤지만 현실이었다. **6학년 이민우**

민우의 글을 읽으면서 나는 뜨끔했다. 글 속 교사의 모습이 내 모습이기도 해서다. 화장실에 가고 싶다는 아이에게 나도 "이 이야기는 들어야 해." 혹은 "지금 하는 설명까지는 듣고 가."라고 말할 때가 있다. 화장실에 가는 것은 당연히 존중받아야 할 기본적인 권리지만, 수업 중 화장실 가기를 하나둘 허용하다 보면 어느 순간 아이들은 뒷문을 들락날락하며 정신없이 화장실을 오간다. 수업 시간과 쉬는 시간의 경계가 무너지기도 하고, 수업을 듣기 싫은 아이에게 핑곗거리가 되기도 한다. 이러한 이유로 반드시 화장실은 쉬는 시간에 가야 한다는 원칙을 학기초부터 강조한다. 하지만 민우의 글을 읽으면서 아이의 입장에서 다시 생각하게 되었다. 학교생활의 원칙도 중요하지만 원칙을 강조하다가 아이들을 자칫 곤란한 위기로 몰아넣을 수 있겠다는 생각이 들었다. 세심한 균형이 필요함을 다시금 느꼈다.

> 사람들은 나를 보고 예전보다 키가 컸다고 하면서도 꼭 내 나이를 낮춰서 말한다. 어제 엘리베이터에서 한 이웃 아주머니가 나에게 키가 컸다고 하면서 "너는 4학년이니?"라고 물어보셨다. 나는 6학년인데 말이다. 특히 할머니들은 내 나이를 잘 틀린다. 초등학교 2학년 때는 "너는 유치원생이니?"라고 묻고 또 언젠가는 친구랑 같이 서 있는데 친구한테 "네가 형이니?"라고 물으셨다. 나는 어른이 되면 어린이들에게 나이를 절대 물어보지 않을 거다. **6학년 이태윤**

사람을 만나면 으레 나이부터 가늠하고 묻는 어른들의 모습이 글에 잘 나타난다. 아무리 어른이라도 처음 본 사이에 나이를 함부로 깎아서 말하거나, 친구한테 형이냐고 묻는 행동은 기분이 상할 만한 일이다. 나도 무심결에 어린이에게 이런 잘못을 범하진 않았을까 되돌아보게 만드는 글이었다.

인상적인 경험에 대한 글은 그 자체로 특별하고 개성이 생긴다. 내 인생 최악의 사건이나 크게 아팠던 경험을 골라 쓰게 하면 아이들은 비교적 술술 써낸다. 인상적인 경험은 강렬한 감정을 수반하기 때문에 당시의 사건과 감정을 쓰는 것만으로도 흥미진진한 글이 된다.

글쓰기를 싫어하거나 어려워하는 아이들이 많을 때는 경험을 활용한 글쓰기를 해 보는 것이 좋다. 체험학습이나 운동회, 반 대항 피구나 학예회, 작가와의 만남 등 특별한 경험을 한 뒤 글쓰기로 생각을 정리하는 것이다. 최근의 경험이기 때문에 아이들은 술술 글을 쓸 수 있고, 막힘없이 글을 쓰는 경험은 글쓰기에 대한 두려움과 거부감을 극복하는 데 도움이 된다.

하지만 어제와 오늘이 비슷하고 내일 역시 오늘과 크게 다르지 않은 일상 속에서 특별하고 인상적인 사건은 기껏해야 손가락으로 꼽을 정도일 수 있다. 정해진 하루의 일과표를 따라 아침에 눈을 뜨면 학교에 가고 방과 후에는 몇몇 학원을 전전하다 저녁을 맞이한다. 이런 일상을 사는 아이들 입장에서는 인상적인 경험 몇 번을 꺼내 쓰다 보면 더 이상 쓸 게 남아 있지 않게 된다.

짜릿하고 깅렬한 희로애락의 경험은 글쓰기의 귀한 소재다. 하지만 평범한 일상을 담은 글이라고 해서 매력이 없는 것은 아니다.

> 등굣길에 저 멀리 걸어가고 있는 시아를 보았다. 어제도 이 시간에 시아를 보았는데 오늘도 또 시아를 본 것이다. 시아는 발표도 잘하고 공부도 똑소리 나게 잘하는 아이다. 매일 머리도 단정하게 빗고 오고 옷도 참 예쁘게 입고 다닌다. 쉬

는 시간이면 늘 친구들이 시아 옆으로 가서 시아의 필통을 구경하고 시아의 옷이 예쁘다고 하면서 시아에게 말을 건다. 그런데 참 신기한 건 아침 등교 때 보면 시아의 가방 한쪽이 늘 열려 있다는 거다. 입을 벌리고 빼꼼히 숨 쉬는 붕어처럼. 저러다 뭐라도 흘리면 어쩌려고. 어제도 가방 한쪽이 열려 있었는데 오늘도 똑같이 가방 문이 열려 있었다. 나는 시아만큼 공부를 잘하지도 못하고 남들 앞에서 발표하려면 목소리도 잘 나오지 않지만, 가방만큼은 꼭꼭 닫고 다닌다. 내 물건도 잃어버리지 않고 잘 챙긴다.

"시아야! 너 가방 문 열렸어."

나는 시아에게 달려가서 시아 가방 문을 닫아 주었다. 시아의 열린 가방을 닫으면서 웃음이 났다. 시아랑 어쩌면 친구가 될 수 있을지도 모르겠다는 생각에 기분이 좋았다.

6학년 정도윤

내가 본 대로 들은 대로 관찰하다 보면 어떤 생각이 툭 떠오를 수 있다. 오랜 기다림 끝에 낚은 물고기처럼 내 안에서 떠다니던 생각이 탁 건져지는 것이다. 평범한 일상에 나만의 생각을 한 줌 더해 쓴다면 그 글은 폭넓은 공감을 얻는 특별한 글이 될 수 있다. 일상의 작은 경험도 그냥 흘려보내지 않는다면 인생 최고의 글이 태어날 수도 있다.

삶과 삶이 연결되는 마법

　매주 한 시간씩 글쓰기를 한다고 해서 아이들의 글쓰기 실력이 금세 일취월장하지는 않는다. 비슷비슷한 생각과 뻔한 표현으로 가득 찬 글들이 이어지고, 눈이 번쩍 뜨일 만큼 비범한 글은 행운의 복권처럼 어쩌다 한 번 만날 뿐이다. 의욕적인 교사일수록 아이들의 더딘 변화 앞에서 지치기 쉬운데, 꼭 염두에 두어야 할 것이 있다. 첫째도 둘째도 글쓰기는 그만큼 어렵다는 점이다. 겉으로 잘 드러나지 않지만, 아이들은 조금씩 나아가고 있다는 것도 잊지 말아야 한다.

　아이들 글을 보다 보면 크게 두 가지 유형으로 나뉜다. 먼저 '내가 무슨 말을 하는지 몰라' 유형이다. 글감에 관한 생각이 정리되지 않아서 중언부언하거나 앞에서 한 말과 전혀 다른 말을 써서 글에 일관성이 없는 경우다. 두 번째는 '할 말이 없어요' 유형이다. 글감과 관련한 지식이나 경험이 없어서 글을 쓸 수 없는 경우다. 생각을 쥐어짜 봐도 분량만 채운 빈약한 글이 되기 쉽다. 두 유형 다 생각하는 힘이 부족해서 생기는 일이다.

　생각하는 힘을 키우기 위해서는 꾸준한 투입과 산출이 필요하다. 투입은 독서고 산출은 글쓰기다. 다양한 독서를 통해 생각이 확장되고 확장된 생각을 글로 풀어내면서 생각의 근육은 더욱 단단해진다. 서로를 촉진하는 연료처럼 독서와 글쓰기를 균형 있게 병행할 때 생각하는 힘이 자란다.

이 과정에서 교사가 할 수 있는 일은 매주 일정한 시간에 아이들이 글을 쓸 수 있도록 하는 것이다. 꾸준히 글을 쓰게 하고 글을 쓰는 과정에서 성취감을 느낄 수 있도록 해 주는 것이 교사가 할 수 있는 충분한 역할일 것이다.

교사의 긍정적인 피드백은 아이들의 내적 동기를 높인다. 아이들의 글마다 재미있는 부분, 인상적인 장면을 찾아 짧은 소감을 적어 주거나 '너의 감정은 어땠니?' '무슨 생각이 들었니?' '다음에는 어떤 일이 일어났니?' 등 궁금한 점을 짧은 질문으로 써 주는 것도 도움이 된다. 교사가 써 주는 짤막한 소감과 관심이야말로 아이들이 지속해서 글쓰기를 하는 데 큰 원동력이기 때문이다. 교사뿐 아니라 친구들의 피드백도 중요하다. 나는 글을 쓴 뒤 모둠 친구들끼리 돌려 읽는 활동을 꼭 한다. 서로의 글을 돌려 읽으면서 글에 대한 궁금증이나 의문점을 글쓴이에게 질문하게 하는데, 이 활동을 통해 글쓴이는 생각을 구체화하고 좀 더 명료하게 전달하는 방법을 고민하게 된다.

모둠끼리 글을 돌려 읽고 난 뒤에는 모둠의 두 명은 남고 두 명은 옆 모둠으로 이동해 새로운 모둠을 만든다. 새로운 모둠에서 또다시 돌려 읽기를 하면 친구들의 좀 더 다양한 글을 읽을 수 있다. 돌려 읽기는 서로가 작가와 독자의 역할을 번갈아 가며 하는 활동이다. 이 활동을 통해 아이들은 자신이 쓴 글을 객관적으로 보고 고쳐 쓰기에 대한 아이디어도 얻을 수 있다. 돌려 읽기 후 글 고치기 활동을 이어서 하면 아이들의 글이 좀 더 향상되는 걸 발견하게 된다.

돌려 읽기의 장점은 이뿐만이 아니다. 짧은 말이 아닌 긴 글을 읽는 활동을 통해 아이들은 친구가 지닌 의외의 면을 알게 된다. 돌려 읽기는 평소 대화 기회가 없던 아이들이 내면을 나누는 깊은 대화가 되는 것이다. 이를 통해 아이들은 서로를 좀 더 이해할 수 있다. 글을 쓰고 함께 읽는 활동은 안전한 학급 울타리를 만드는 데에도 도움이 된다.

사람은 누구나 자기 이야기를 하고 싶은 욕구가 있다. 내 이야기를 글로 쓰고 그 글을 친구가 읽어 주는 것만으로도 아이들 사이에는 정서적 유대감이 생긴다. 서로가 서로에게 연결되는 경험은 아이들이 건강하게 성장하는 데 든든한 지지대가 된다.

요즘 아이들은 SNS를 이용해 또래와 주로 소통한다. SNS는 자신의 감정이나 생각을 많은 이들에게 즉각적으로 표현할 수 있다는 장점이 있다. 그러나 디지털 도구는 그 편리성과 휴대성에 힘입어 정제되지 않은 말과 글로 상대방을 공격하거나 상처를 주는 데 쓰이기도 한다. 그렇기에 충동적이고 즉흥적인 감정의 배설이 아니라 생각을 숙성시키는 글쓰기 활동이 교실에서 더욱 필요하다. 서로가 깊게 연결되고 위로받을 수 있는 글쓰기의 긍정적 기능을 아이들에게 가르친다면 디지털 세상에서 아이들이 좀 더 좋은 글을 쓰고 나눌 수 있으리라 생각한다.

상상으로 할 수 있는 과제

해마다 학기초면 전국의 학교에서는 학생들의 읽기, 쓰기, 셈하기 능력과 교과 성취도를 평가한다. 평가 결과가 일정 수준에 도달하지 못한 학생에게 교사는 방과 후 보충학습을 권고하는데, 학부모로부터 난감한 답변이 돌아오는 경우가 있다.

"우리 애는 그 시간이면 학원 가야 해서 보충학습을 할 수가 없어요."

"애가 너무 힘들어 하면 그냥 보내 주세요."

"친구들 사이에서 공부 못하는 애로 낙인이 찍힐까 봐 싫습니다."

"우리 애가 너무 하기 싫어해서 못할 것 같습니다."

몇몇 학부모들은 방과 후 보충학습 대신 학원을 선택했다. 학교보다 학원에서의 학습을 선호하는 학부모들도 많았고 아이들의 학습 거부로 보충학습을 하지 못하는 경우도 있었다. 부모와 학생 모두 학습에 대한 동기나 의지가 부족한 경우에는 방과 후 보충학습을 운영하는 게 더 어려웠다.

다행히 6학년 세훈이 부모님은 학교에 대한 신뢰가 있었다. 국어 교과에서 미도달이 나온 상황을 나는 세훈이의 아버지에게 알렸고 국어 교과를 보충하고 싶다고 말했다.

"감사합니다. 선생님. 잘 부탁드리겠습니다."

그때부터 세훈이와 나는 일주일에 두 번 방과 후에 만났다. 국어 진도를 나가기도 했고 일과 중에 다 쓰지 못한 글쓰기를 하기도 했다.

6학년이었지만 세훈이는 읽고 쓰는 걸 어려워했다. 다문화 가정의 아이로 어릴 때부터 우리말에 많이 노출되지 못한 듯 보였다. 생각을 적절한 어휘와 문장으로 표현하지 못했고 글쓰기도 다섯 줄 이상 쓰지 못했다. 세훈이는 국어나 사회, 과학과 같은 여타의 과목에서도 학업성취도가 낮고 부진했다.

수업 시간 세훈이는 두 다리를 책상 옆으로 뺀 채 교실 바닥을 바라보곤 했다. 나와 눈도 맞추지 않았고 무언가를 물어도 거의 대답하지 않았다. 아이의 얼굴에는 깊은 무기력이 있었다. 처음엔 말도 잘 하지 않았지만 나와 만나는 횟수가 잦아지면서 세훈이와 나는 조금씩 가까워졌다.

"세훈이 오늘 여기까지 공부하고 갈래?"

"선생님, 힘들어요. 저 이만큼만 하고 갈래요."

"나머지는 언제 하려고? 이거 마저 다 하고 가야지!"

"아, 선생님, 오늘 못한 거는 내일 더 열심히 할게요. 오늘은 보내 주세요."

공부가 어려우면 어렵다, 하기 싫으면 싫다, 좋고 싫음에 대한 표현도 편하게 하기 시작했다. 그리고 언제부터인가 방과 후 아닌 쉬는 시간에도 이런저런 푸념이나 힘든 점들을 이야기하곤 했다. 학기초보다 말수도 많아졌고 표정도 차츰 편안해졌다.

나는 학년말 아이들과 헤어질 때면 늘 이런 질문을 한다.

'나에게 글쓰기는 무엇이었나?'

글쓰기 시간이 어떤 시간이었는지 아이들의 마음을 엿보고 싶었다. 아이들의 다양한 생각을 하나씩 읽는데 세훈이의 글이 눈에 들어왔다.

'나에게 글쓰기는 상상으로 할 수 있는 재미있는 과제다.'

무기력한 얼굴로 다섯 줄도 겨우 써서 내던 세훈이의 대답이 예상 밖이었다. 세훈이에게 글쓰기는 그저 지겹고 어려운 과제일 거라 생각했는데 나는 세훈이의 답변이 놀라웠다. 혹시 선생님의 기분을 좋게 하려고 꾸며 낸 대답일까 잠시 생각했지만, 마음에도 없는 말을 꾸며서 쓴 것 같지는 않았다.

글쓰기는 자유도가 높은 활동이다. 수학처럼 정해진 답을 맞힐 필요도, 국어 지문처럼 읽고 이해할 필요도 없다. 사회나 과학처럼 딱딱한 지식을 머릿속에 넣을 필요도 없다. 글감에 따라 먼 과거나 미래로 갈 수 있다. 무인도에 떨어졌다 가정하기도 하고, 80세 노인의 입장이 되어 보기도 한다. 우리 집 반려견의 입장에서 본 세상을 묘사하기도 하고, 지구를 위해 내가 개발하고 싶은 물건을 소개하기도 한다. 글감에 따라 재미있는 상상을 하다 보면 마치 상상이 실현된 것 같은 느낌이 든다. 상상을 하는 것 자체로 즐겁다. 마음껏 상상하고 글로 표현하며 성취감을 느끼는 시간이 바로 글쓰기 시간인 것이다.

글쓰기는 세상을 창조하는 기쁨을 준다. 따라서 아이들이 그 기쁨을 충분히 누릴 수 있도록 선택의 자유를 주는 것이 중요하다. 원하는 글감을 선택할 자유, 생각나는 대로 쓸 수 있는 자유, 무엇이든 쓰고 비난 받지 않을 자유. 자유롭고 허용적인 분위기 속에서 상상한 것을 용기 있게 쓸 수 있도록 격려해 주어야 한다. 세훈이의 말처럼 모든 어린이들에게 글쓰기가 '상상으로 할 수 있는 재미있는 과제'이길 바란다.

고쳐 쓸 용기

작은 키에 귀여운 외모의 준경이는 수다스럽고 장난기가 많았다. 친구들을 웃기기 위해 태어난 아이처럼 친구들에게 농담을 여러 번 던지다가 친구들을 웃기면 아저씨처럼 껄껄 웃었다. 수업 시간에 희한한 의성어를 흉내 내며 교실을 소란스럽게 만들기도 하고, 쉬는 시간에는 여자 아이들을 살살 약 올리기도 했다.

"아우, 쟤 왜 저래. 적당히 좀 해."

"내버려 둬! 내버려 둬! 어쩌라고, 어쩔 티브이."

친구들이 아무리 타박해도 준경이는 조금도 개의치 않고 당당했다.

"저 푸른 초원 위에 그림 같은 집을 짓고! 한 백 년 아 백 년 아니 오백 년 살고 싶네."라며 옛날 노래를 개사해 부르거나 "옛날에는 말이야 시티폰이라는 걸 사용했는데 시티폰은 공중전화기 근처에서만 쓸 수 있었어."라는 말을 하기도 했다. 나는 속으로 '하, 고놈 별걸 다 알고 있네.'라며 피식 웃었다. 준경이의 장난기 때문에 나는 고개를 절레절레 흔들기도 했지만 준경이는 우리 반 공식 개그맨 같은 존재였다.

준경이를 맡았던 해에 나는 글쓰기 지도를 조금 독하게 했다. 누울 자리를 보고 다리를 뻗는다고 그해 아이들은 글을 꽤 잘 썼다. 글쓰기 시간이면 빠르게 몰입했고, 가르치면 가르치는 대로 수용했다. 시간이 흐를수록 아이들마다 글쓰기 실력이 느는 게 보였고 그럴수록 나는 좀 더 아이들을 단련했다.

6학년 2학기 국어 교과에는 고쳐쓰기 단원이 나온다. 나는 논설문을 가르친 뒤 고쳐쓰기 활동을 이어서 했다. 논설문은 형식이 정해져 있어서 아이들이 고쳐쓰기를 연습하기 좋다. 논설문의 서론에는 문제 상황과 주장이, 본론에는 적절한 근거와 사례가, 마지막 결론에는 요약과 재주장이 담긴다.

논설문의 형식을 배운 뒤 본격적으로 논설문 쓰기를 하는데, 형식을 아는 것과 형식에 맞게 쓰는 것은 조금 별개의 문제다. 문제 상황 찾는 걸 어려워하거나 적절한 사례를 들지 못하는 아이들도 많았다. 나는 아이들의 글을 읽고 수정 방향을 제시한 뒤 다시 쓰게 했다.

"문제 상황에 걸맞은 주장을 써 봐."

"주장과 근거가 맞지 않네, 이 주장에 맞는 근거는 뭘까?"

"사례 자료 조사가 좀 더 있어야겠다."

"문장이 어색하네. 문장을 좀 바꿔 보자."

논설문이 아닌 글을 고칠 때에도 나는 여러 번 피드백을 하며 글을 고쳐 쓰게 했다.

"감정을 표현하는 낱말이 자꾸 중복되네. 다음 낱말은 다른 걸로 바꿔 보자."

"누구랑 어떤 경험을 함께했는지가 빠져 있네."

"무슨 감정이 들었는지 좀 더 적어 보자."

'다시 한 번 써 보자'가 반복되면서 "아! 선생님, 힘들어요."라는 불만이 터져 나오기도 했다. 하지만 놀랍게도 그해 대부분의 아이는 글을 묵묵히 다시 써 왔다.

모든 게 완벽하게 흘러가는 듯 보였다. 하지만 늘 그렇듯 어려움이 없는 해는 없다. 그해의 어려움은 바로 준경이였다. 준경이는 배경지식도 많고 관찰력도 좋아 글을 재치 있고 재미있게 썼다. 그런데도 준경이는 글쓰기 시간에 유난히 투덜거렸다.

"아휴, 힘들어. 아, 생각이 안 나. 어떡해. 아, 지겨워. 지루해."

글쓰기 시간이면 의욕을 떨어뜨리는 말을 자주 내뱉었다. 속사포처럼 쏟아 내는 불만 섞인 말들이 아이들의 글쓰기 사기를 떨어뜨릴까 봐 나는 신경이 곤두섰다. '올해 글 농사는 풍년이구나.' 성공한 농부의 심정으로 흡족한 나날을 보내던 나로서는 글쓰기에 대한 부정적인 말들이 농사를 망치는 유독가스처럼 여겨졌다. 때론 귀엽지만 대체로 골칫덩어리였던 준경이는 나의 글쓰기 수업을 위협하는 작은 방해꾼이었다.

일 년간 글쓰기를 한 뒤 12월이 되자 나는 아이들의 글을 엮는 문집 프로젝트를 시작했다. 그간 쓴 글 중 마음에 드는 글 몇 편을 아이들이 고르고 컴퓨터실에서 한글 문서로 작성했다. 공책에 쓴 글을 한글 문서로 옮긴 뒤 문장을 다듬고 맞춤법 검사와 띄어쓰기 검사를 한 뒤 최종적으로 퇴고하는 과정을 거치는 것이다.

  일 년 동안 글쓰기 시간이면 쉴 새 없이 투덜대던 준경이도 퇴고를 위해 컴퓨터 앞에 앉았다. 그런데 이상하게도 평소와는 태도가 좀 달랐다. 장난스럽게 툭툭 던지던 농담도 줄었고 옆 친구랑 수다도 별로 떨지 않았다. 글쓰기 시간이면 투덜이로 변신해 존재감을 과시하던 아이였는데 컴퓨터실 어느 한쪽에 앉아 있는지도 모를 정도로 준경이는 조용했다. 어느 정도 글을 옮겼을까 준경이가 나를 불러 물었다.

  "선생님, 저 처음에는 이 글을 실으려고 했는데, 다른 걸로 바꿔도 될까요?"

  "당연히 되지!"

  준경이는 공책을 처음부터 다시 넘기며 문집에 실을 글을 신중하게 골랐다. 글을 썼다가 지우고, 썼다가 다시 지우며 고심하는 모습이 보였다.

  나는 아이들과 몇 차례 컴퓨터실을 오가면서 문집 작업을 했다. 하나둘 문집에 실을 글이 완성되었고 과제를 끝마친 아이들이 교실로 올라갔다. 컴퓨터실에 얼마 남지 않은 아이들 사이에서 준경이는 모니터를 바라보며 여전히 자판을 두드리고 있었다. 나는 컴퓨터실을 이리저리 거닐며 장난기 사라진 준경이의 얼굴을 흘끔흘끔 보았다. 이윽고 준경이가 빙그레 웃는 모습이 보였다.

"이제 됐다!"

자신의 글을 진지하게 고쳐 쓰던 준경이의 얼굴은 마냥 어린아이의 표정은 아니었다. 힘든 마라톤을 완주한 뒤 결승점에 도달한 마라토너 같기도 했다. 글을 매만지고 다듬어 세상에 내어놓는 과정 속에서 무엇을 느꼈는지 준경이의 흡족한 표정이 많은 걸 말해 주는 것 같았다.

졸업식 날 마지막 인사를 하며 나는 준경이에게 말했다.
"준경아, 졸업 축하해. 선생님이 준경이 덕분에 많이 웃었어. 가끔 혼낸 건 너 다 잘되라고 한 말인 거 알지?"
그러자 준경이가 말했다.
"그럼요. 저 선생님 덕분에 철들었어요. 감사합니다."
철들었다니 준경이의 입에서 나온 말에 나는 깜짝 놀랐다. 그러고 보니 표정도 조금 달라 보였다. 평소의 준경이가 잘 쓰지 않았던 표현이라 생소하기도 했지만, 준경이라서 할 수 있는 말이란 생각도 들었다.

'철들다'라는 말은 '사리를 분별하여 판단하는 힘이 생기다'는 뜻이다. 농작물이 자라 수확할 수 있을 정도로 성숙해졌다는 의미에서 나온 말이란 설도 있다. 준경이는 왜 스스로를 철들었다고 느꼈던 걸까. 여러 가지 이유가 있겠지만 나는 글쓰기 수업이 영향을 주었다는 생각을 했다. 내 안에서 무언가를 꺼내 글로 쓰는 건 산고를 치르는 것과 같다. 그런데 글을 고쳐 쓰는 건 그토록 힘들게 썼던 글을 부정해야 가능하다. 열정으로 쓴 글을 냉정함으로 버리는 과정이다.

　글을 고쳐 쓰기 위해서는 나의 부족함을 인정해야 한다. 내 글에 대한 비판을 겸허히 받아들여야 한다. 그래서 글을 고쳐 쓰는 데에는 용기가 필요하다.

　용기 있게 한계를 인정할 때 내가 쓴 글을 객관적으로 바라볼 수 있고 한계를 출발점 삼아 다시 나아갈 수 있게 된다.

　나는 준경이의 '철들었어요'가 '한계를 뛰어넘었어요'라는 말로 들렸다. 준경이의 의젓한 미소가 나에게 그렇게 말을 건네고 있었다.

몰입의 바다로 뛰어드는 시간

매주 목요일 아침 기분 좋은 고요함이 찾아온다. 사각사각 연필 소리, 쓱싹거리는 지우개 소리만 들릴 뿐 교실은 깊은 바닷속처럼 잔잔하고 평온하다. 이런저런 궁리를 하며 생각을 글로 쓰는 아이들 사이사이를 거닐 때면 참 황홀하다. 평화로운 적막이 오래도록 계속되기를 바라면서 나는 교실 속 바다를 거닌다.

글쓰기 시간이면 "생각이 안 나요, 모르겠어요. 쓸 말이 없어요."라고 아우성치던 아이들도 1학기가 지나고 2학기에 들어서면서부터 좀 더 몰입하는 모습을 보인다. 쓸 내용을 떠올리고 정해진 분량을 쓰기까지 한결 편안해진 모습이다. 처음보다 생각도 금방 떠오르고 쓸 말도 많아진다. 아이들의 자신감도 올라가고 글쓰기에도 재미가 붙는다.

"글쓰기 하면서 집중력이 늘었어요."

"1년 전보다 글쓰기가 재미있어졌고, 이야기들이 많이 생각나요."

"내 느낌과 생각을 글쓰기를 통해 알게 되었어요."

글쓰기를 통해 얻은 것들에 대해 아이들은 이런 답을 내놓았다. 글쓰기의 긍정적인 효과를 체험한 것 같았다.

글쓰기는 산만한 상태로는 절대 할 수 없다. 쓸 내용을 생각하고 논리적으로 배열하는 일은 고도의 몰입이 필요하다. 어떤 내용을 어떻게 쓸 것인가 판단하고 글쓰기로 실행하면서 서서히 몰입의 상태로 들어가게 된다. 머리부터 발끝까지 몰입을 통해서만 한 편의 글이 탄생한다.

몰입을 하면 재미를 느낄 수 있다. 실제로 몇몇 아이들은 글쓰기가 재미있다고 말한다. 아이들이 말하는 글쓰기의 재미는 게임이나 유튜브가 주는 단편적이고 자극적인 재미가 아니라 기분 좋은 고양감의 다른 표현이다. 쉽게 사라지지 않는 깊은 충만감이자, 긍정적인 성취감이다. 그 모든 느낌을 '재미'라고 표현하는 것이다. 그런데 재미를 느끼기까지는 시간이 좀 걸린다. 한 번도 경험하지 못한 힘겨움과 지루함을 통과해야 한다. 따라서 아이들도 교사도 인내가 필요하다. 글쓰기에 대한 아이들의 태도가 달라질 것이란 믿음을 갖고 아이들의 투정과 불평을 조금 편안한 마음으로 들어줄 수 있어야 한다.

하얀 종이 위에 낱말이라는 재료로 생각의 성을 쌓는 과정은 쉽지 않다. 내 안에 숨겨진 글의 재료를 꺼내기 위해 오랜 시간 생각하는 것도 마다하지 않아야 한다. 고요한 시간 속에 갇힌 기분이 들기도 하지만 기다림의 시간이 힘들기만 한 것은 아니다. 어떻게 낱말을 쌓느냐에 따라 다양한 문장이 만들어지고, 문장과 문장을 연결해 생각의 성을 쌓는 과정은 무척이나 경이롭다. 어떤 내용을 쓸까, 어떻게 첫 문장을 시작할까, 첫 문장을 뒷받침하기 위해서 다음 문장은 어떻게 쓸까, 글의 마무리는 어떻게 할까, 내 생각을 표현할 적절한 낱말은 무엇일까, 처음부터 끝까지 스스로 생각하고 선택하고 결정해야 한다. 그래서 글쓰기는 개인의 자율성이 무척이나 요구되는 활동이다.

동기 심리학자 리처드 드샴은 '자기 삶에 얼마만큼의 자율성이 주어지느냐에 따라 삶의 질이 달라진다'라고 말한다. 행복한 삶을 살기 위해서 자율성이 중요한 요소라는 것이다. 정해진 시간에 학교에 와서 시간표에 맞춰 살아가고 방과 후에는 다시 학원 뺑뺑이를 도는 아이들에게 선택의 자유는 사실상 많지 않다. 일과를 마친 뒤 내가 볼 유튜브 콘텐츠를 골라 시청하고 게임 속 캐릭터를 고르는 것 정도가 아닐까. 아이들이 공부보다 유튜브, 게임, SNS에 빠지는 이유도 그것이 선택의 자유를 느낄 수 있는 유일한 시간이기 때문이다.

글을 쓰는 과정은 선택과 결정의 연속이다. 자유롭게 선택하고 표현하면서 창조자의 희열을 맛볼 수 있는 시간이기도 하다. 창조의 기쁨을 느끼며 몰입하는 글쓰기 시간이 아이들에게 행복을 주는 시간이 될 수 있다.

매주 목요일 1교시, 공책과 연필이면 충분하다. 아이들이 하나둘 몰입의 바다로 뛰어드는 시간, 나는 아이들의 행복한 몰입을 지켜보면 늘 설렌다. 어떤 생각의 성이 만들어질지 기대하는 시간은 달콤하고도 행복하다. 매주 목요일 1교시면 나는 속으로 중얼거린다.

'아, 이 시간이 좀 더 계속되면 좋겠네!'

악마와 천사

교실에서 아이들과 함께 지낼 때는 몰랐다가 졸업 이후 아이들의 마음을 알게 되는 경우가 있다. 민영이는 중학생이 된 뒤 나에게 한 통의 문자를 보내왔다. 나의 안부를 묻고 자신의 근황을 전하는 간단한 문자의 말미에는 이런 말이 쓰여 있었다.

"선생님이 글쓰기를 시킬 때는 너무 하기 싫었고 이걸 왜 하는지 몰랐어요. 그런데 꾸준히 글을 쓰면서 글을 어떻게 써야 하는지 알게 되었고 무엇보다 글 쓰는 게 쉽고 재미있어졌어요. 중학교 가니 선생님이 왜 그렇게 글쓰기를 강조하셨는지 알게 되었어요. 정말 감사합니다."

민영이는 좋고 싫은 것을 바로 드러내는 아이였다. 국어 시간에는 "아, 국어 너무 싫어. 왜 이리 국어 시간이 많아?"라고 말하고 수학 시간에는 "수학이 차라리 나아. 다른 건 너무 재미없어."라며 귀에 쏙쏙 들리는 큰 소리로 말하곤 했다.

공부 욕심이 많고 인정욕구가 강한 민영이는 나의 눈치를 보기도 했지만, 수행평가를 볼 때면 밀려드는 불안과 부정적인 생각을 날카롭게 던져대는 아이였다. 초등학생임에도 민영이는 수행평가 앞에서 덜덜 떨며 긴장했다.

'너무 긴장돼요. 수행평가 못 볼까 봐 걱정돼요.'
'좀 못 본다고 해서 무슨 큰일이라도 나니?'

'아니에요. 수행평가는 무조건 매우 잘함 받아야 해요.'

'모르는 걸 점검하고 부족한 걸 채우기 위한 과정일 뿐이야.'

'평가 결과는 매번 중요해요. 시험을 못 보면 세상이 무너지는 것 같은 마음이 들어요.'

물론 민영이와 나, 단 둘이서 이런 대화를 나눈 적은 없었다. 하지만 우리는 서로에게 하고 싶은 말을 은밀하게 했다. 나는 아이들 전체를 향해 민영이에게 하고 싶은 말을 했고, 민영이는 친구와의 대화를 통해 간접적으로 말했다. '나는 선생님과 생각이 달라요.' 라고.

우리 둘은 서로 생각이 달랐지만, 민영이를 보면 내 학창 시절이 떠올랐다. 나도 어릴 때는 민영이처럼 불안과 걱정이 많았다. 그 시절을 지나온 지금, 나는 아이들에게 너무 불안해 하거나 걱정할 필요가 없다고 말하곤 한다. 민영이를 향해 내가 하는 많은 말들은 사실 어린 시절의 내가 어른들로부터 간절하게 듣고 싶은 말들이기도 했다.

글쓰기 시간에도 민영이는 대놓고 싫은 티를 냈다.

"아, 하기 싫어. 글쓰기 진짜 왜 해야 해!"

민영이에게 글쓰기는 홀로 정상을 올라야 하는 외롭고 고통스러운 일처럼 보였다. 나는 민영이 글을 본 뒤 짤막한 격려의 글을 써 줬다.

'고심해서 쓴 참신한 비유 참 좋았어. 생각의 흐름도 좋고.'

'네가 늘 진지한 태도로 생각하는 모습이 보기 좋아.'

'민영이가 가진 장점이 글에 잘 드러나 있네. 선생님도 너의 생각에 동의해.'

글쓰기 공책을 돌려주면 민영이는 교실 구석에서 몰래 공책을 열어 보고는 얼굴이 빨개지거나 웃기도 했다. 가끔은 친구들에게 선생님이 이런 말 써 줬다고 자랑하기도 했다. 민영이는 내가 글쓰기 시간에 강조한 것들을 다음 글쓰기에 반영했고 꾸준히 성장하는 모습을 보여 주었다.

그해 나를 가장 설레게 했던 글은 민영이의 글이었다. 나는 민영이의 다음 글을 늘 기대했고 민영이도 내 짧은 소감을 내심 기다렸던 것 같다. 그리고 학년말 민영이는 글쓰기에 대한 자기 생각을 이렇게 남겼다.

"선생님, 저에게 글쓰기는 악마와 천사의 두 얼굴이었어요."

지난 겨울 설악산 울산바위 코스를 홀로 오르면서 나도 등산의 두 얼굴을 경험했다. 산이라고는 뒷산밖에 올라 본 적 없는 초보자임에도 차를 몰고 설악산으로 갔다. 보슬보슬 눈이 내리는 설악산 국립공원에 도착했을 때 내가 얼마나 허술했는지 깨달았다. 겨울 산을 오르는 데 필수품인 아이젠도 모자도 없이 무작정 온 거였다. 공원 앞 매점에서 아이젠과 귀를 덮는 방한모를 샀다. 매점 사장님은 내가 못 미더워 보였는지 신발에 아이젠을 손수 채워 주면서 눈이 너무 많이 와 폐쇄된 구간도 있을 거라고 너무 무리하지 말라고 당부했다.

  왕복 4시간 코스면 초보자인 나에게는 적당한 난이도였다. 신라 시대 건립된 사찰인 신흥사를 지나 눈 덮인 숲 안으로 들어가자 감탄사가 터져 나왔다. 하얀 옷을 입은 키 큰 나무와 숲길이 눈을 맑게 해 주었다. 폐 속 깊숙이 들어온 차가운 공기는 잠들었던 세포 하나하나를 깨워 주는 것 같았다. 눈 덮인 숲의 풍경에 감탄하며 중간중간 셀카도 찍으면서 걸었다. 흔들바위까지 걸을 때만 해도 콧노래가 흘러나왔다.

  흔들바위에서 잠깐 쉰 뒤 다시 걷기 시작할 때 한 등산객이 함께 온 사람에게 이제부터 힘들어질 거라고 말하는 게 들렸다. 그 말을 듣기 무섭게 가파른 길들이 이어졌다. 겹겹이 껴입은 패딩에 땀이 차기 시작했고 걸음은 차츰 느려졌다. 산에서 만난 어떤 부부는 겉옷을 벗고 올라야 한다고 나에게 조언했다. 두꺼운 옷 때문에 땀을 많이 흘리면 정상에서 체온이 급격하게 떨어지기 때문이었다. 나는 겉옷을 벗어 허리에 둘러맨 뒤 걸었다. 추운 겨울임에도 옷은 땀으로 흠뻑 젖었고 숨은 점점 차올랐다. 나는 지나가는 사람들에게 물었다.

  "도대체 정상은 언제 나오는 거죠?"

  그들은 대체로 이렇게 말했다.

  "희망 고문은 안 할게요. 지금 온 만큼 더 가야 해요."

  점점 힘에 부칠 무렵 깎아지른 듯한 높은 암벽이 나왔다. 가파른 산길을 오르면서부터는 묵직한 고통이 나를 괴롭혔다.

조금만 오르면 정상이 나올 거라 기대하면서 한 걸음씩 올랐다. 드디어 가파른 철제 계단 앞에 이르렀을 때 몇몇 등산객이 말해 주었다.

"이 계단만 넘으면 정상이 있어요."

한눈에도 아찔한 경사였다. 뒤를 보면 현기증이 날 것 같아서 무조건 앞만 보며 계단을 올랐다. 땀으로 흠뻑 젖은 등과 팽팽하게 부푼 다리 때문에 얼른 정상에 올라 이 고통을 끝내고 싶은 마음뿐이었다.

천근만근이 된 다리를 들어 천천히 오르자 산은 경이로운 속살을 조금씩 보여 주었다. 산 아래 있을 땐 알 수 없었던 산의 참모습이 펼쳐졌다. 수묵화를 그려 놓은 듯 굽이굽이 이어진 설악산의 봉우리들이 잘 왔다고, 나를 반겨 주는 것 같았다.

마지막 한 걸음을 내디뎌 드디어 정상에 오른 순간, 탁 트인 겨울 산과 바다가 이루는 절경에 숨이 막혔다. 아! 하는 짧은 탄성이 터져 나왔다. 시원한 바람을 맞으며 먼 바다를 한동안 바라보았다. 홀로 산에 오른 등산객들은 서로 사진을 찍어 주며 정상의 기쁨을 함께 나누었다. 산을 오르며 느꼈던 고통 따위는 어느새 사라지고 고통이 사라진 자리에 기쁨이 차오르는 게 느껴졌다.

돌이켜 보면 오르는 순간순간 고통만 있었던 것은 아니었다. 한 걸음 한 걸음 충실히 걸었다는 것 자체가 기쁨이자 축복이었다. 그 모든 과정이 없었다면 정상에 올랐을 때의 기쁨도 없었을 거다. 아쉬우면서도 뿌듯한 마음이 들면서 더 오를 곳이 있다면 더 오르고 싶었다. 사람들이 왜 산을 찾는지 이해할 수 있게 되었다.

산을 오르는 데 고통과 희열이 있듯 글을 쓰는 행위도 마찬가지다. 민영이는 글쓰기의 고통과 희열을 악마와 천사의 두 얼굴이라 표현했다. 악마처럼 고통을 주지만 천사처럼 기쁨을 주기도 하는 글쓰기의 두 얼굴. 민영이는 글쓰기의 두 가지 얼굴을 모두 만날 만큼 글쓰기에 진심이었다는 것을 나는 뒤늦게 깨달았다.

지금 민영이는 어떻게 살고 있을까 생각하다 겨울 산이 떠올랐다. 올겨울에는 꼭 눈 덮인 겨울 산에 다시 가고 싶다고 생각했다.

4

교사의 글쓰기

Courage to Rewrite

교실에서 하루 종일 아이들과 복닥거리고 나면 나에게도 다양한 감정들이 끓어올랐다. 기쁘다가 화도 나고 뿌듯하다가 후회스럽기도 했다. 그 모든 감정의 소용돌이를 하루 동안 겪고 나면 마음이 완전히 소진되어 버석거렸다. 그런 날이면 하루 동안 있었던 일을 글로 썼다. 나를 웃게도 울게도 하는 현실을 쓰면서 나는 과거와 화해하고 미래로 나아갈 힘을 얻었다. 기록을 통해 생각과 표현의 주체로 일어설 수 있었고 교사로 살아갈 힘을 얻었다.

교사는 작가다

수업 지도안을 처음 보았을 때, 방송대본과 참 비슷하다고 생각했다. TV 교양프로그램의 주된 목표는 세상의 다양한 지식과 정보를 시청자들에게 전하는 것이다. 대중에게 전달할 정보와 메시지를 재미있게 담아내는 것이 방송대본의 역할이라면 수업 지도안은 수업을 통해 학생들이 도달해야 할 목표와 수업의 전체 흐름이 설계된 설계도다.

방송이 시청자들의 눈길을 끌기 위해 도입부를 흥미롭게 만들듯, 수업도 학습자의 동기를 촉진하기 위한 동기유발을 고민한다. 방송의 목표가 정보와 지식을 전달하고 여론을 형성하는 것이라면, 수업의 목표는 학생들의 성장이다. 지향점과 상호작용에서의 차이점은 있지만, 한 편의 교양프로그램을 구성하는 것과 한 시간의 수업을 구성하는 과정은 꽤 닮아 있다.

그런데 방송을 만드는 작가와 교육을 담당하는 교사 사이에는 더 큰 공통점이 있다. 둘 다 인간에 관한 관심과 이해가 필요한 직업이란 점이다. 작가가 사람에 대한 이해와 관심을 바탕으로 생각을 글로 표현하는 사람이라면 교사는 학생에 대한 이해와 관심을 바탕으로 학생을 가르치는 사람이다. 두 직업의 중심에는 '사람'이라는 공통점이 있다.

『강원국의 글쓰기』(강원국, 메디치미디어)에서 강원국 작가는 글쓰기에는 3관이 필요하다고 말한다. '관심', '관찰', '관계'다. 여기에 한 가지를 더 추가하면 '관점'이다. 그런데 '관심', '관찰', '관계' 이 3관을 매일 하는 사람이 바로 교사다. 교사는 각각의 학생에게 관심을 두고 학생을 관찰한다. 그리고 차츰 학생과 깊은 관계를 맺는다. 관심, 관찰, 관계가 쌓이면 교육과 학생에 대한 관점이 생긴다. 글쓰기에 필요한 3관을 매일 하는 사람이라는 점에서 교사는 누구보다 글을 쓰기 좋은 환경에 놓여 있다.

매일 교실에서 일어나는 다양한 일들을 교사는 관찰하고 기록한다. 글쓰기의 출발인 기록을 이미 매일 하고 있다. 교실에서 일어나는 일들을 기록하는 것은 무궁무진한 가치를 지닌다. 아이들과의 일화나 대화뿐 아니라 아이들을 관찰한 내용 및 학부모 상담 내용 등 모든 것들이 기록의 소재다. 서로 다른 환경과 배경을 지닌 다양한 아이들의 역동은 다양한 갈등과 사건을 만들어 내고 그 기록은 쌓이고 쌓여 훗날 귀중한 글감이 된다.

동화를 쓰는 한 친구가 이런 말을 한 적이 있다.

"나는 동화를 쓰지만, 어린이를 만날 기회가 없다는 게 아쉬워. 그런 점에서 매일 어린이를 관찰할 수 있는 네가 참 부러워."

내가 매일 만나는 아이들과의 경험이 어떤 이에게는 꼭 해 보고 싶은 부러운 경험일 수 있다. 그러나 우리가 기록을 하는 이유가 동화를 쓰기 위해서라든가 책을 내기 위한 목적으로만 가치를 지니는 것이 아니다. 기록은 그 자체로 더 큰 가치를 지닌다.

　아이들은 교실에서 기쁨과 분노, 슬픔과 외로움을 날것 그대로 드러낸다. 교실은 솔직한 감정이 있는 그대로 드러나는 곳이자 감정과 감정이 부딪혀 갈등으로 표현되는 감정의 용광로 같은 곳이다. 뜨거운 감정이 펄펄 끓는 교실 한가운데에서 아이들을 이해하고 다독이고 이끌어야 하기에 교사로 사는 일은 결코 녹록하지 않다.

　교실에서 하루 종일 아이들과 복닥거리고 나면 나에게도 다양한 감정들이 끓어올랐다. 기쁘다가 화도 나고 뿌듯하다가 후회스럽기도 했다. 그 모든 감정의 소용돌이를 하루 동안 겪고 나면 마음이 완전히 소진되어 버석거렸다. 그런 날이면 하루 동안 있었던 일을 글로 썼다. 나를 웃게도 울게도 하는 현실을 쓰면서 나는 과거와 화해하고 미래로 나아갈 힘을 얻었다. 글을 쓴다고 해서 내 앞에 닥친 문제가 해결되는 것은 아니지만 글을 쓰고 나면 조금씩 회복할 수 있었다. 기록을 통해 생각과 표현의 주체로 일어설 수 있었고 교사로 살아갈 힘을 얻었다. 기록의 가치를 아는 선생님들이 많기에 이미 많은 선생님들은 교실에서의 일상을 기록하고 나눈다. 꾸준히 기록하는 한, 교사는 미래의 작가라 할 수 있다.

　매일 고군분투하며 학교 현장을 지키지만, 학교에 대한 불신과 과도한 민원은 교사를 지치게 만든다. 교사의 자율성을 보장해 주지 않는 교육정책은 교사의 의욕을 꺾는다. 점점 힘들어지는 교육 현장이지만 학생들을 만나기 위해 매일 학교로 향하는 선생님들이 지치거나 쓰러지지 않기를 나는 바란다. 일상의 기록과 단 몇 줄의 글쓰기가 내 삶의 주인으로 살아가는 데 버팀목이 되어 많은 교사들이 교실에 단단히 뿌리내리고 열매 맺을 수 있기를 바란다.

쿵쿵쿵, 와글와글, 탕탕탕, 하하하, 와와.

오전 8시 반, 마치 지진처럼 멀리에서부터 시작된 진동이 점점 내 쪽으로 다가온다. 와글와글 쿵쿵 소리가 점점 가까워지면 학교와 교실이 흔들리는 것 같은 기분도 든다. 어느새 거대한 진동과 소음은 교실 앞에서 최고조에 이른다.

탕탕, 와글와글, 쿵쿵, 재잘재잘, 탁, 딱, 쨍, 안녕하세요!

문 여닫는 소리, 아이들의 인사 소리, 책상 끄는 소리, 사물함 여는 소리, 교과서를 책상 위로 던지는 소리, 친구들과 떠드는 소리. 거대한 지진처럼 등장한 아이들은 낮 동안 각자의 진동으로 서로 부딪히고 파장을 일으킨다.

"선생님, 쟤네 싸워요."
"쟤네 복도에서 뛰어요."
"화장실에서 애들이 뭐 먹는데요."
"선생님, 철수가 필통 가져가서 안 줘요."
"선생님, 영이가 욕했어요."
"선생님, 다음 시간에 뭐 해요?"
"선생님, 체육 시간에 피구 해요."

아이들의 질문과 요구사항이 집채만 한 크기로 나를 덮쳐 오고 아이들은 서로 자기 것을 먼저 해결해 달라고 아우성을 친다. 한 가지 일에 주의를 기울이는 동안에도 주변에서는 끊임없이 나의 주의를 흩트려 놓는다. 나는 주의력을 잃지 않으려 애를 쓴다. 교실에서 벌어지는 각각의 일들과 해야 할 일들과 신경 쓸 것들에 집중하려고 하지만 아이들은 그런 나를 가만두지 않는다. 내 주의력은 거대한 태풍 앞에서 위태롭게 타고 있는 촛불 같기도 하다. 불꽃을 꺼뜨리지 않기 위해 안간힘을 쓰지만 우리 반 장난꾸러기들은 어느새 다가와 훗 하고 내 주의력의 촛불을 꺼 버린다.

교실의 혼란을 잠재우고 나면 정신과 마음이 파편처럼 흩어져 있다. 아이들이 모두 돌아간 텅 빈 교실에서 흩어진 마음과 정신을 하나로 모을 필요가 있다. 혼돈의 한낮 뒤 정돈된 오후를 맞이하는 데 기록은 좋은 회복제가 된다.

낮 동안에는 아이들 때문에, 오후엔 업무 때문에 때론 화장실 가는 것도 참고 퇴근 시간도 넘기며 일하는 교사의 삶 속에서 일상을 기록하는 것은 버거운 짐처럼 여겨질 수도 있다.

이런 교사의 삶 속에서 어떻게 기록을 잘할 수 있을까? 의미 있는 삶의 흔적을 어떻게 하면 꾸준히 남길 수 있을까? 이왕이면 손쉽게 실천할 방법 말이다. 그것은 현재 하고 있는 기록에 좀 더 의도를 두는 것이다. 교사는 이미 많은 것들을 기록하고 있다. 아이들 간의 갈등이나 사건, 아이들이 한 말이나 행동을 기록하고 있다. 의도를 둔 기록이란 이미 하고 있는 기록에 좀 더 살을 붙이는 것이다. 대화하면서 본 아이의 표정이나 몸짓, 태도, 손짓이나 말투 같은 특징적인 행동을 마치 그림 그리듯 묘사해 보는 것이다.

아이가 한 말을 있는 그대로 옮겨 올 수도 있고 아이들끼리의 대화를 그대로 기록해 볼 수도 있다. 학부모나 동료 교사 사이에 있었던 일들도 모두 기록의 소재가 된다. 상황을 눈앞에 그리듯 생생하게 박제해 보는 것이다. 붓 가는 대로 내가 겪은 일을 기록하다 보면 어떤 생각과 감정이 떠오른다. 생각에 물꼬가 트이듯 무의식 너머에 있던 내 마음이 수면 위로 떠오르기도 하고 이해할 수 없었던 아이의 마음이 이해가 되기도 한다.

관찰을 토대로 생각과 감정을 쌓는 것이다. 거기에 질문을 던지고 답을 찾다 보면 관점이 생겨난다. 관찰과 느낌에 관점이 담긴 글을 쓰면 자신만의 수필이 된다. 혹은 교실에서의 수업이나 학급운영의 사례를 기록하면 교육 서적이 되기도 한다. 보이는 것 너머의 세계까지 상상한다면 나의 경험은 창작의 영역으로까지 확장될 수 있다. 지금 하고 있는 기록에 의도를 두기. 의도를 갖고 일상을 꾸준히 기록한다면 나의 글쓰기 창고에서 좋은 글들이 탄생하는 날이 올 것이다.

자, 뭐라도 한 번 써 볼까. 마음을 먹고 자리에 앉아 보지만 생각만큼 글이 술술 써지지는 않는다. 처음부터 막막한 기분이 들면서 덜컥 겁이 난다. 뭐라고 시작해야 할지 도무지 모르겠다. 첫 줄의 공포가 시작된 것이다. 시작부터 난관이라니. 힘을 내서 조금씩 끄적거려 보지만 끄적거리면 끄적거릴수록 수많은 내면의 목소리들이 나와서 훈수를 둔다.

'이렇게 쓰는 건 좀 이상한 것 같아.'
'재미가 없는데.'
'독자들이 이런 글을 원할까?'
'좀 더 참신한 표현 없어?'

훈수해대는 목소리가 마구잡이로 튀어나와 시시콜콜 간섭을 한다. 의심의 시선을 보내는 내 안의 검열관들이 발목을 잡는다. 두려움이 생기고 의욕이 떨어지면서 한 걸음도 나아가지 못한다. 내안의 검열관들이 마구잡이로 떠들수록 글쓰기의 에너지는 사그라진다.

대학 다닐 때 강연을 온 한 소설가가 소설 쓰기를 기타 치는 것에 빗대어 말한 적이 있다.

"기타 칠 때 왼손으로 코드를 잡고 오른손으로는 주법을 치잖아요. 머리 한쪽으로는 코드를 잡은 왼손이 맞는지 계속 생각하지만, 주법을 치는 오른손은 느낌대로 치면 되거든요. 오른손은 좀 틀려도 크게 상관없어요. 듣는 사람도 연주자가 맞게 친 건지 잘 모르고요. 글을 쓸 때도 오른손이 하듯 느낌대로 자유롭게 쓰는 게 중요해요. 왼손의 냉철함은 퇴고할 때만 필요할 뿐이죠."

글쓰기가 힘든 이유는 코드를 잡는 왼손의 냉철함이 너무 앞서기 때문이다. 글쓰기를 시작하려면 부정적인 검열관의 목소리는 최대한 꺼 두는 것이 좋다. 내가 세상에서 글을 가장 잘 쓰는 사람이라고 믿으며 무한한 칭찬을 스스로에게 퍼부어 준다. 고고 전진을 외치면서 앞으로 무작정 나아가는 게 먼저다. 내면의 목소리를 마음껏 풀어내는 게 먼저다.

완벽주의는 글쓰기의 적이다. 완벽주의는 시작을 어렵게 할 뿐 아니라 문장을 자꾸 꾸미게 만든다는 문제점이 있다. 완벽해 보이고 싶은 마음 때문에 미사여구를 붙이게 되고 겉치레가 많아진다. 문장은 점점 형편없어지고 겉치레에 뒤덮여 전달하고자 하는 생각은 묻히고 만다.

<캐리> <샤이닝> <쇼생크 탈출> 등 현대 미국을 대표하는 작가 중 한 명인 스티븐 킹은 "지옥으로 가는 길은 수많은 부사로 뒤덮여 있다."라고 말했다. 어른들의 글쓰기 멘토인 강원국 작가는 "일품요리처럼 글을 쓰는 게 좋다."고 말했다. 수사적인 기교를 부리기보다 군더더기 없이 할 말을 쓰는 것이 훨씬 더

좋은 글이란 의미다. 완벽주의를 요구하는 검열관들의 잔소리 스위치는 일단 꺼 두어야 한다. 무엇이든 끄적거리기 시작한다면 첫 줄의 공포에서 벗어나 어느새 뭔가를 쓰고 있는 자신을 발견할 수 있을 것이다.

멋진 작품을 쓰겠다는 거창한 목표보다 매일 자판을 두드리겠다는 작은 목표, 오늘 있었던 일을 한 줄만 써 보겠다는 작은 목표 하나만으로도 충분하다.

요약만 잘해도 어린이책을 쓸 수 있다

나의 어린이책 집필 이력을 알게 된 한 동료 선생님이 이런 질문을 한 적이 있었다.

"선생님, 법이나 미술사를 전공한 것도 아닌데 어떻게 책을 쓸 수 있어요?"

그 분야의 전공자도 아닌데 법이나 미술사, 철학사를 담은 어린이 동화를 어떻게 쓸 수 있을까? 아마 많은 사람이 갖는 의구심일 것이다. 나도 처음엔 지식동화는 그 분야를 전공하거나 잘 아는 사람만이 쓸 수 있는 책이라고 생각했다.

교사로 막 일을 시작했을 무렵 어린이책 출판사에서 일하는 후배한테서 연락이 왔다. 법에 관한 어린이 지식 교양 도서를 기획 중인데 혹시 집필에 참여해 줄 수 있겠냐는 제안이었다. 좋은 기회였지만 나는 망설였다. 법을 전공하지 않은 내가 쓸 수 있을까 하는 생각 때문이었다. 나보다는 법 전공자가 쓰는 게 후배를 위해서도 좋지 않을까 생각했다. 방송을 그만둔 뒤로 글을 안 쓴 지 오래되었다는 점도 걸림돌이었다. 교사로서도 벅찬데 시간을 낼 수 있을지도 의문이었다. 수화기 너머로 나의 망설임이 느껴졌는지 그녀는 나를 설득하며 말했다.

"어린이책이니까 어린이들을 매일 만나는 사람이 하는 게 낫지 않겠어요?"

어린이를 만나고 있고 어린이의 눈높이를 고민하는 사람이니까 내가 적임자라는 설득이었다. 후배의 설득에 나는 나를 주춤거리게 만드는 장애물에 대해 생각했다. 곰곰이 생각해 보면 장애물의 실체는 두려움이다. 잘하지 못하면 어쩌나 하는 두려움 때문에 도전을 망설이는 것이다. 두려움 때문에 이런저런 핑계를 대는 것이다. 그런데 두려움을 조금만 버린다면 내 앞에 놓인 장애물이 별것 아니라는 걸 알게 된다. 나는 근거 없는 두려움은 버리기로 마음먹었다. 두려움 대신 의미를 선택하기로 했다. 어린이를 위한 책이라는 게 나에게는 큰 의미로 다가왔기 때문에 나는 후배의 제안을 감사히 받아들였다.

어린이 지식동화를 쓸 땐 다양한 지식을 취사선택해 책 안에 잘 녹여내는 일이 중요하다. 법을 다룬 다양한 책들을 찾아 읽고 출판사에서 연결해 준 법학 전문가를 만나 면담도 했다. 법 관련 서적과 판례집을 읽으면서 공부했고 이해가 되지 않는 내용은 중간중간 전문가의 도움을 받았다.

자료 조사를 끝낸 뒤 동화책에 들어갈 목차를 편집자와 함께 구성했다. 책에 들어가면 좋을 꼭지를 선별하고 전체적인 구성과 방향을 잡았다. 편집자와 책의 얼개를 짜고 난 뒤 집필에 들어갔다.

내가 쓸 책은 법 지식을 어린이들이 좋아할 만한 이야기에 녹여 전달하는 방식으로 구성되는 책이었다. 가상의 공간에 사는 인물들이 등장해 사건을 겪고 법의 적용을 받는 것이다. 재미

있는 인물과 흥미로운 사건 안에 법 지식을 담는 게 중요했다.

자료 조사를 마친 뒤 가상의 인물을 만들고 인물이 겪을 법 관련 사건을 구상했다. 꼭지별로 담을 법 지식과 이야기를 정한 뒤 방학을 이용해 본격적으로 글을 쓰기 시작했다. 방학 기간 내내 꼬박 원고를 쓴 뒤 편집자에게 보냈고 몇 번의 수정을 거쳤다. 틀린 부분은 없는지 검토하고 법 전문가에게 감수도 받았다.

하얀 백지 위 글자에 불과했던 원고가 편집자의 손을 거쳐 가독성 있게 편집되었다. 그림이 입혀지고 디자인이 들어갔다. 가방에 쏙 들어갈 만한 아담한 판형에 고운 빛깔의 표지가 입혀지고 인쇄를 마치자 실물로 탄생했다.

원고가 책으로 나오는 경험은 방송할 때와는 사뭇 다른 감동으로 다가왔다. 방송원고는 전파를 타고 나면 깨끗하게 사라진다. 멋진 표현으로 가득한 감동적인 대본이더라도 한 번 스파크를 내고 사라지는 불꽃과 같다. 잠깐의 소명을 다한 뒤 사라지는 방송원고와 다르게 책은 시간과 공간을 머금고 오랫동안 존재한다.

책꽂이 한편에 자리한 책을 볼 때마다 나는 그 책을 쓰기까지의 오랜 낮과 밤이 떠오른다. 책을 쓰기 위해 읽었던 수많은 다른 책들이 떠오른다. 시원한 밤공기와 새벽의 상쾌함, 깊은 정적 속 키보드 소리까지 소환된다.

독자도 마찬가지다. 책을 읽고 나면 책의 내용과 함께 책을 읽었던 공간과 시간까지 머릿속에 함께 저장된다. 책은 그 책의 작가와 독자를 둘러싼 어떤 시절의 한 조각이자, 작가와 독자가 만나는 하나의 우주다.

그래서 내가 쓸 만한 자격이 있는지 늘 자문했던 것 같다. 그런데 어느 날 유시민 작가의 책을 읽다가 더는 의심하지 않기로 마음먹었다.

> 발췌는 텍스트에서 중요한 부분을 가려 뽑아내는 것이고 요약은 텍스트의 핵심을 추리는 작업이다. 요약에 불과한 거꾸로 읽는 세계사가 내가 쓴 모든 책 중에 가장 많이 읽혔다. 덕분에 재산이 50만 원밖에 없었던 내가 신림동 달동네에 전셋집을 얻어 장가를 들었다. 그 전세금을 빼서 독일 유학하러 갔다. 인세 수입이 계속 들어왔기 때문에 아르바이트를 하지 않고 공부에만 전념할 수 있었다. 나는 요약을 잘하는 것 하나로 '베스트셀러 작가'가 되었다. 그래서 텍스트 요약으로 글쓰기 훈련을 시작하라고 권하는 것이다.
>
> **『유시민의 글쓰기 특강』** (유시민, 생각의길)

법도 서양미술사도 철학도 문외한이었던 내가 그 분야의 책을 쓸 수 있었던 건 특출난 능력이 있어서가 아니다. 내가 가진 건 자료를 읽고 요약하고 어린이들이 이해하기 쉽게 풀어 쓰는 능력 정도였다.

어린이 지식 교양 도서는 일종의 비빌 언덕이 있다. 다양한 책들과 자료들이 비빌 언덕이다. 책을 읽고 이해하고 책의 핵심을 뽑아 요약할 수 있다면 어린이책을 쓰는 데 필요한 기본적인 능력은 갖춘 것이라 할 수 있다. 여기에 어린이의 눈높이와 기획 의도에 맞춰서 쓰는 훈련을 한다면 어린이책 집필에 누구나 도전해 볼 수 있다.

내가 아는 상당수의 선생님은 배움을 즐기고 연구를 업으로 삼는다. 아이들에게 책을 권하는 선생님들은 대부분 책을 좋아하고 가까이 하는 사람들이다. 책을 좋아하는 선생님들이야말로 어린이 지식 교양 도서를 가장 잘 쓸 수 있는 적임자라 생각한다. "어린이책은 어떻게 쓸 수 있을까요?" 라고 묻는 선생님에게 이렇게 답변해 드렸다.

"선생님도 충분히 하실 수 있어요. 책을 좋아하는 선생님이야말로 어린이책을 가장 잘 쓸 수 있는 전문가랍니다."

어린이책 쓰기의 매력

어린이 지식동화를 쓸 때 나는 세 가지 기준을 염두에 두고 쓴다. 첫 번째는 지식과 정보의 정확성이다. 다양한 지식과 정보를 충분히 조사하고 여러 자료들을 교차 점검하면서 정확한 정보를 담으려고 노력한다. 자료 조사를 위해 책을 읽을 때는 조금 쉬운 책부터 읽는 게 도움이 된다. 어린이 철학사 책을 쓸 때 나는 어린이나 청소년을 대상으로 쉽게 풀어 쓴 책을 먼저 보았다. 철학사에 대해 전반적으로 이해하고 난 뒤 좀 더 깊이 있게 철학을 다룬 책들을 읽었다. 전체적인 흐름을 파악한 뒤 세부적인 내용을 공부하는 것이다. 이렇게 여러 책을 교차 점검하면서 읽다 보면 그 분야에 대한 정확한 지식을 충분히 습득하게 된다.

두 번째 기준은 어린이의 눈높이다. 모든 책에는 중심 독자가 있다. 독자의 흥미를 끌고 독자의 필요를 채우는 게 중요하다. 지식은 어린이에게 딱딱하고 어려울 수 있기에 어린이가 쉽게 이해할 수 있을지 고민하는 게 중요하다.

내가 썼던 미술사나 철학사는 어린이들에게는 어려운 주제일 수 있다. 하지만 지적인 호기심을 채워 주고 사고의 폭을 넓혀 주는 데 도움이 되기에 어린이들이 잘 받아들일 수 있도록 지식의 알맹이를 뽑아 쉽게 전달하는 데 중점을 두었다.

셋째는 나만의 언어로 쓰였는가의 여부다. 시중에 지식동화

책들은 수없이 많다. 저마다의 기획 의도에 따라 다양한 책들이 출판된다. 단순히 지식을 나열하는 것에서 더 나아가기 위해서는 어떤 관점을 갖고 어떤 지식을 전할지 취사선택해야 한다. 꼭지별로 명확한 관점을 갖고 써야 글을 쓰기도 수월하고 전달하고자 하는 내용도 독자에게 잘 전달할 수 있다. 그러기 위해서 작가는 쓰고자 하는 내용을 완전히 소화한 뒤에 써야 한다. 독자에게 무엇을 전달하고 싶은지 내 안에서 먼저 정리되면 나만의 언어로 쓸 수 있게 된다. 작가에 따라 각기 다른 개성과 문체로 세상의 지식과 정보를 독자들에게 전달하는 것이다.

나름의 기준을 가지고 어린이책을 쓰지만 모든 것을 혼자 다 떠안지는 않는다. 글을 쓰는 사람은 작가이지만 책에 대해 함께 논의하고 방향을 고민해 줄 편집자가 있기 때문이다. 편집자로 오래 일하고 있는 친구는 나에게 이런 말을 해 주었다.

"작가에게는 작가의 역할이 있고 편집자에게는 편집자의 역할이 있어. 편집자의 몫도 있는 거니까 모든 걸 혼자 다 고민하지 않아도 돼."

원고를 쓰고 책으로 내는 것은 많은 사람들의 손길이 함께하는 과정이다. 출판하고 나면 독자가 생긴다. 책을 낸 뒤 몇몇 도서관에서 어린이를 대상으로 작가와의 만남을 한 적이 있다. 교실에서 매일 만나는 우리 반 어린이들과는 좀 다른 느낌이 들었다. 순수한 독자로서의 어린이들을 만났던 경험은 어린이를 다른 시각으로 볼 수 있었던 새로운 경험이었다.

    그러나 무엇보다 지식동화를 쓰면서 가장 좋았던 건 내 지식의 근간이 넓어진다는 점이다. 나부터 다양한 분야의 책을 읽고 인문학적 교양을 갖춘 사람이 된다는 점이다. 교직은 배워서 학생들에게 나눠 주는 직업이다. 책을 쓰기 위해 공부하고 공부한 내용을 책으로 담아 다시 아이들을 교육한다는 점. 삶과 공부와 일이 일치된다는 점이 어린이 지식동화 쓰기의 매력이다.

즐겁고 여유로운 글쓰기를 하려면

 시간이 넘쳐나는 것보다 적당히 부족할 때 일의 효율이 올라가는 걸 누구나 경험해 보았을 것이다. 마감 시간 직전에 일의 능률이 상승한다는 일종의 '마감 효과'다. 시간이 충분할 때는 공부가 안되다가도 시험 직전에 놀라운 집중력을 발휘하기도 한다. 글쓰기도 마찬가지다. 내내 진척이 없다가 마감 시간이 코앞으로 다가오면 아이디어가 샘솟기도 한다.

 반면 마감 효과의 부정적인 측면도 있다. 나는 마감 시간이 다가올수록 오히려 긴장과 불안이 높아져 집중이 안될 때가 많았다. 일에 쓰여야 할 에너지가 초조함과 긴장감을 다스리는 데 쓰이면서 오히려 효율성이 떨어지는 것이다. 이런 나의 약점을 극복하기 위해 나는 시간을 넉넉하게 잡고 가랑비에 옷 젖듯, 매일 꾸준히 원고를 쓰는 편이다.

 글을 쓰려면 과정이 즐겁고 여유로워야 한다. 내 경우엔 시간에 쫓겨 급하게 글을 쓰면 글쓰기의 진짜 재미를 느끼기 어려웠다. 자기와의 싸움인 글쓰기를 꾸준히 하는 데 유용했던 몇 가지 방법을 소개하고자 한다.

【장소 정하기】

 첫 번째로는 글 쓸 장소를 정하는 것이다. 사람마다 좋아하는 장소가 다르다. 조금 시끄럽지만 탁 트이고 볼

거리가 있는 카페를 좋아할 수도, 아주 조용한 도서관을 좋아할 수도 있다. 나는 주로 내 방 책상에서 작업하지만 카페나 도서관을 골고루 이용해 글을 쓰는 편이다. 자료를 수집할 때는 도서관을, 본격적인 집필을 할 때는 내 책상을, 자투리 시간에는 카페를 이용한다. 현재 내가 쓰는 원고의 단계나 필요한 시간, 그날의 몸과 마음의 상태에 따라 장소는 조금씩 달라지지만 분명한 건 내가 즐거움과 편안함을 느끼는 장소에서 글을 쓴다는 것이다.

만약 좋아하는 카페를 글쓰기 장소로 정했다면 그곳에 가는 즐거움을 글쓰기 행위와 연결한다. '나는 내가 좋아하는 카페에 가서 맛있는 커피와 쿠키를 먹으며 글을 쓸 거야. 다 쓰고 나면 근처를 산책할 거야.' 라며 내가 좋아하는 활동들을 글 쓰는 동안에 혹은 글 쓴 후에 한다. 좋아하는 장소에서의 글쓰기는 긍정적인 동기유발이 된다.

【 시간 정하기 】

하루 중 글쓰기 시간을 구체적으로 정한다. 부담되지 않는 범위 내로 구체적인 시간을 정하는 게 좋다. 글쓰기에 들이는 시간은 실천 가능해야 한다. 너무 긴 시간 동안 글을 쓰려고 하기보다 아침에 일어나서 30분이나 혹은 잠들기 전 30분 정도로 누구에게도 방해받지 않는 적절한 시간을 정하는 게 중요하다.

나는 퇴근 후 집에 돌아와서는 도저히 에너지가 생기지 않았다. 에너지가 고갈된 저녁에 글을 쓰는 일이 너무 힘겨웠다. 그런 만큼 나는 저녁 시간보다는 오전 시간을 좀 더 선호하는 편이다.

새벽이나 아침 시간은 카톡 메시지나 문자로 방해받을 일이 적다. 나를 방해하는 외부 요인이 없는 시간인 데다 충분히 잔 다음이기 때문에 기분도 상쾌하다. 아침에는 소모적이거나 쓸데없는 일보다 중요하고 의미 있는 일에 몰두하게 된다.

무엇보다 아침 시간에 글쓰기를 하면 본격적인 하루가 시작되기 전에 의미 있는 일을 했다는 뿌듯함과 성취감이 생긴다. 단 한 줄의 기록이라도 괜찮다. 매일 한 줄이 모이고 쌓인다면 그것은 훗날 꽤 괜찮은 글의 재료가 될 것이다.

【 분량 정하기 】

분량을 정하는 건 글쓰기 몰입에 도움이 된다. 하루에 1쪽씩은 쓰겠다는 목표를 정하면 결과물을 얻기 위해 좀 더 집중하게 된다. 1쪽이라는 분량은 눈으로 측정할 수 있어서 구체적이고, 달성했을 때에는 성취감을 준다. 결과물이 동기부여가 되기 때문에 일의 진행도 빨라진다는 장점이 있다.

원고를 의뢰받은 경우엔 구체적인 분량을 정해서 쓰는 게 효율적이다. 하지만 오전 내내 혹은 온종일 글을 써도 목표한 분량을 못 채울 수 있다. 어린이 철학사 책을 집필할 때 온종일 방대한 자료를 읽고 정리하는 데 시간을 쓰느라 써야 할 분량을 채우지 못할 때도 많았다. 그러나 목표를 채우지 못했다고 해서 절망할 필요는 없다. 다음 날 다시 쓰면 되기 때문이다. 분량을 채우는 데만 급급해 원고가 형편없어지는 것처럼 느껴져도 일단 목표한 분량에 집중해 쓰는 게 중요하다.

【 글쓰기를 위한 간단한 의식 치르기 】

글쓰기 전에 간단한 의식을 치르는 것도 도움이 된다. 커피를 내리거나 차를 끓이는 것과 같은 행위가 의식이 될 수 있다. 커피 향을 맡거나 차가 끓는 소리를 들으면서 '자, 이제 곧 글을 쓸 거야. 술술 글이 써질 거야. 즐거운 시간이 될 거야.' 라고 생각하는 것이다.

어린이 미술사 책을 쓸 당시 나는 종류별로 다양한 수제 청을 사서 냉장고에 쟁여 두었다. 글쓰기 전 뜨거운 물을 끓이고 수제 청을 녹이면서 글쓰기 준비를 했다. 모두가 잠든 새벽에 혼자 깨어나 달콤한 차를 한 모금 마시면서 글쓰기의 포문을 여는 것이다. 향초를 켜거나 향유로 손목을 마사지해 주는 것도 좋다. 간단한 스트레칭을 하는 것도 글쓰기를 위한 준비 과정이 될 수 있다. 간단한 행동을 통해 글쓰기를 위한 마음의 스위치를 켜는 것이다.

【 작은 보상 주기 】

목표를 달성하고 나면 나에게 긍정적인 보상을 준다. 산책하거나 보고 싶은 영화를 보거나 시원한 맥주 한 캔을 마시거나 가고 싶었던 카페에 가서 새로운 음료를 마신다거나 뭐든지 좋다. 하루의 목표를 달성한 뒤 받는 작은 보상은 글쓰기의 소소한 즐거움이 된다.

이렇게 글을 쓰다가 마감이 다가오면 어떠한 보상도 필요 없을 정도의 집중력이 생겨난다. 오로지 원고의 완성만이 유일한 보상이 되는 것이다. 그동안 꾸준히 원고를 써 왔다면 초조하지 않게 마감을 맞이할 수 있다.

아이들 글쓰기 지도를 할 때도 '시간과 분량을 정하고 가끔 보상 주기'를 실천한다. 매주 일정한 시간을 글 쓰는 시간으로 정하고 일 년간 일관성 있게 실천한다. 분량은 아이들의 수준이나 학년에 따라 정하되 조금씩 늘려 간다. 각자 쓴 글을 서로 돌려 읽으며 친구들과 교사의 인정을 받는 것이 아이들에게 동기부여가 된다.

계속 글을 쓰면서 공책에 글이 차곡차곡 쌓여 간다. 한 권의 공책에 글쓰기의 과정과 성장이 담기는 것이다. 처음엔 첫 줄 시작하는 것조차 어려웠던 아이들이 한 문단, 두 문단, 세 문단씩 글이 늘어 가고 생각도 깊어진다. 생각이 자라나는 과정을 경험하면서 12월 무렵, 아이들은 꽉 채워진 공책을 보면서 뿌듯함을 느낀다. 아이들에게 자신의 성장이 담긴 기록물을 보는 것만큼 큰 보상은 없을 것이다.

마티스의 소묘처럼

 마티스의 전시회에 갔을 때였다. 매끈한 외모와 부드러운 목소리로 방송을 통해 꽤 이름이 알려진 도슨트가 해설을 맡았다. 주말이면 몇 분 안에 마감될 만큼 그의 전시 해설 프로그램은 인기가 많았는데 운 좋게도 빈자리가 있었다.

 방학이라 하루 짬을 내서 서울 도심을 방문했다가 얼떨결에 고급문화 연수 프로그램에 당첨된 기분이 들었다. 모르는 사람들 사이에 섞여 시원하고 쾌적한 미술관을 거닐었다. 한여름 무더위에 이 정도 호사가 어디 있을까 싶었다. 작고 아담한 규모의 미술관이었지만 마티스 전생애에 걸친 작품 세계를 둘러볼 수 있도록 초기부터 후기까지의 작품이 적절하게 배치되어 있었다. 미남 도슨트가 이끄는 대로 눈과 귀로 마티스의 작품을 감상하는 사이 한 사진 앞에 이르게 되었다.

 사진 속엔 노년의 마티스가 있었다. 풍채 좋은 노년의 예술가가 캔버스에서 멀찍이 떨어져 소묘를 하고 있는 모습이었다. 긴 막대 끝에 연필을 매달고 커다란 캔버스를 응시하고 있는 예술가의 흑백 사진은 그 자체가 작품이었다. 세계적인 작품이 탄생하는 순간을 훔쳐보며 사람들은 낮게 감탄사를 뱉어 냈다. 그 사이 도슨트가 우리에게 질문했다.

 "마티스는 왜 저렇게 멀리 떨어져서 그림을 그렸을까요?"

"큰 그림을 그리기 위해서요."

"전체를 보기 위해서요."

몇몇 사람들이 각자의 생각을 말하자 도슨트가 고개를 끄덕이며 말을 이어 갔다.

"마티스는 쓸데없는 군더더기를 붙이는 걸 극도로 경계했다고 해요. 절제된 작품을 그리려고 일부러 캔버스에서 떨어져서 소묘를 했어요. 멀리서 바라보면서 객관적인 시선을 유지하려고 한 거죠."

마티스는 대중의 찬사를 받는 천재적인 예술가였지만 매 순간마다 스스로를 경계하며 잘못된 습관과 욕심에 빠지지 않으려고 했다.

아름다움을 탐구하는 데 평생을 바친 마티스는 젊었을 때는 화려하고도 대범한 색채로 야수파를 이끌었지만 병마와 싸우면서부터는 색종이를 오려 내는 기법을 사용해 작품을 만들었다. 노년에 이르러서는 최소한의 곡선을 사용해 유려하고 생동감 있게 대상을 표현했다. 마티스 후기 소묘 작품인 〈나디아〉는 최소한의 선으로만 대상을 표현했다. 무심하게 툭툭 몇 번의 터치로 완성한 그림 같지만 간결한 선과 형태로 인물의 감정까지 전달한다. 우아함과 절제미가 있어 자꾸만 눈길이 가고, 볼 때마다 새롭게 느껴진다. 선과 형태를 평생 탐구한 마티스 예술의 정수라 할 수 있다. 무언가를 더하는 게 아니라 빼냄으로써 완벽한 아름다움에 도달할 수 있다는 것을 그의 작품이 말해 주고 있었다.

 글쓰기도 그렇다. 잘 보이고 싶은 마음이 앞설수록 글을 꾸미게 된다. 덕지덕지 화장을 바르는 것과 같다. 하지만 무언가를 덧붙이면 덧붙일수록 글은 진실함으로부터 멀어진다. 거칠고 투박하더라도 있는 그대로의 살갗을 보여 주는 글이 사람들에게 감동을 준다.
 글을 쓰는 과정은 더하기와 빼기가 동시에 필요하다.
 아이들이 일 년간 글쓰기를 하면서 더하기의 과정을 거쳤다면 학기말에는 빼기의 과정을 거쳐 보는 것이 좋다. 덕지덕지 덧붙인 화장을 걷어 내고 진짜 얼굴을 직시하는 것이다. 헤밍웨이는 『노인과 바다』를 200번이나 고쳐 썼다고 한다. 초고는 버리기 위해 쓰는 글이란 말도 있다. 글을 쓰고 버리는 과정은 쉽지 않지만 비움은 좋은 글로 나아가기 위해 꼭 필요하다.

곡식 한 알 한 알 쓸어 담는 마음

 교직 생활의 절반을 6학년 아이들과 함께 보냈다. 매 순간 아이들은 변하고 자라지만 6학년이야말로 변화의 폭이 극과 극을 오가는 학년이라는 생각이 든다. 지극히 사적이고 개인적인 경험에 비추어 보자면 내가 겪은 6학년 아이들의 모습은 크게 세 가지였다. 셋 중 한 가지 모습에 머물기도 하고 각 모습을 넘나드는 일도 있는데, 거칠게 일반화한 나만의 분류에 이름을 붙여 보았다.

 첫 번째 모습은 '아직은 어린이예요'로 명명할 수 있겠다. 선생님이나 어른의 말에 순응하고 규칙도 잘 지키려는 모습으로 5학년에서 막 올라와 보송보송하고 귀여운 모습이다. 대개 6학년 1학기까지 이런 모습을 볼 수 있는데 일 년 내내 이런 귀여운 어린이 모습으로 졸업하는 아이들도 있다.

 두 번째 모습은 '이거 꼭 해야 해요?'로 드디어 그분이 오셨을 때의 모습이다. 여름방학을 지나면서 사춘기가 시작된 아이들은 그동안 당연하게 믿었던 것에 의문을 품거나 선생님의 권위나 규칙에 저항한다. 자기주장이 강해지고 정체성에 대한 고민이 시작되면서 선생님이나 친구 관계에도 변화나 균열이 생긴다. 첫 만남부터 졸업할 때까지 일 년 내내 이런 모습을 보이는 만년 사춘기 같은 아이도 물론 있다.

 그리고 마지막 모습은 '졸업 즈음의 어린이'다. 초등학생 신분을 마무리할 즈음이 되면 아이들은 특별한 감정에 휩싸인다. 6학년은 어린이에서 청소년으로 가는 관문 같은 시기다. 6학년 어린이들은 이제 모든 걸 다 할 수 있을 만큼 컸다고 여기고 부모로부터 독립을 조금씩 추구한다. 그러나 일상에서 겪는 여러 문제들 앞에서 우왕좌왕하거나 혼란을 겪으면서 오히려 더 큰 무력감과 좌절감에 빠지기도 한다. 자아가 커진 또래들 사이에서 불화하기도 하고 또래에 속하려 하지만 또래 속에서 외로움을 느끼기도 한다.

다양한 감정들이 봄처럼 솟아나고 여름처럼 무르익다가 차가워지면 예고된 이별, 졸업이 찾아온다. 한 세계와 이별할 시간이다. 어린이라는 세계가 닫히고 청소년이라는 세계가 열리는 길목 앞에서 후련함과 아쉬움이 동시에 밀려온다. 슬픔과 기쁨, 아련함과 설렘, 긴장감과 기대감이라는 상반된 감정의 파고는 겉으로 잘 드러나지 않는다. 오직 글에서만 언뜻언뜻 보일 뿐이다.

한 달간 졸업 프로젝트를 진행한 적이 있었다. 졸업 공연을 준비하고 후배들과 학교의 고마운 분들에게 편지를 쓰는 시간이었다. 지훈이가 한 가지 문제 제기를 했다.

"저희는 이런 거 받은 적이 없는데 왜 후배들한테 편지 써 주고 선물도 줘야 해요?"

지훈이는 친구들과의 관계도 나와의 관계도 무난한 편이었지만 때때로 나의 교육활동에 '왜?'라고 물을 때가 있었다. 지훈이의 말도 일리는 있었다. 코로나로 한동안 교육활동이 제대로 이루어지지 않은 상태에서 4, 5학년을 보낸 아이들은 선배로부터 정성스러운 편지도 선물도 받은 적이 없었다. 공동체로부터 받은 따뜻함이 없는데 되돌려줄 마음이 있을 리 없었다. 지훈이의 질문으로부터 시작된 "왜 우리만? 왜 힘들게? 왜 해야 해?"라는 불평과 불만은 순식간에 반 전체로 퍼져 나갔다.

나는 아이들과 졸업의 의미에 대해서 생각해 보았다. 초등학교 졸업을 앞둔 학생으로서 그동안 가르쳐 주신 선생님과 학교에서 일하는 모든 분들, 함께한 친구들과 학교에 남아 있는 후배들에게 따뜻한 마음을 전하는 것이 왜 중요한 일인지 물었다. 지훈이를 비롯한 아이들은 선뜻 대답하지 못했다. 나는 이 모든 활동이 남을 위한 것이 아니라 자기 자신을 위한 일이라는 것을 아이들이 알길 바랐다. 나는 지훈이에게 말했다.

"남들에게 따뜻한 마음을 전해 본 사람은 알아. 그거 해 보면 내가 꽤 괜찮은 사람이라는 거 느끼게 되거든. 내가 누군가에게 좋은 영향을 주는 사람이 되어 봤으면 좋겠어. 그 경험을 통해 지훈이가 스스로 참 괜찮은 사람이라고 느꼈으면 해. 그런 경험을 하고 졸업한다면 앞으로 지훈이가 살아가는 데 큰 힘이 될 거야. 다른 누군가를 위해서가 아닌 바로 너 자신을 위해서 말이야."

지훈이는 별말을 하지 않고 고개를 숙였다.

"선물은 학교에서 사 준 거고, 글 쓸 시간도 선생님이 주는 거니까, 마음이랑 손만 있으면 되지 않니? 자, 이제 시작!"

아이들이 불평불만을 터뜨릴 때가 교육할 좋은 기회가 될 수 있다. 습관적으로 생각하는 게 아니라 다르게 생각해 볼 기회다. 아이들은 학교와 선생님과 후배들을 위해서 편지를 쓰고 마지막으로 자신을 위한 졸업 소감을 썼다.

'일 년 동안 신체적으로도 컸고 정신적으로도 컸다. 그리고 친구들과의 관계에서도 많이 컸다.'

'잘 알지 못했던 친구들에 대해서 많이 알았고 친해져서 감사하다.'

'6학년 정말 즐겁고 행복했다. 중학교 가서도 잘할 수 있을 거란 자신감이 생겼다.'

'일 년 동안 정성스럽게 보살펴 주신 부모님과 선생님께 감사하다.'

"선생님, 사랑합니다. 잊지 못할 거예요."

"6학년 동안 좋은 추억을 만들어 주셔서 감사합니다. 저에게 최고의 선생님이세요."

처음엔 불평불만 가득하던 아이들도 졸업이 코앞에 다가오면서 조금씩 달라지는 모습을 보인다. 예정된 헤어짐은 사람을 성숙하게 만든다. 평소 자기표현이 없던 아이들도 이때만큼은 솔직하게 자기 속의 말을 한다. 확실하고도 분명한 헤어짐, 졸업 앞에서 순도 100%의 진한 감정이 오간다. 그래서 나는 시간을 두고 아이들이 서로에 대해 미안함과 고마움을 충분히 전하고 받도록 한다. 이 과정을 거쳐야만 우리는 진정으로 행복해질 수 있다.

아이들의 마음을 나도 이때 많이 받는다. 고마움을 표현하는 아이들의 글이 월급 이상의 보상이다. 마치 일 년 농사의 수고로움을 보상받는 농부처럼 곡식 한 알 한 알 쓸어 가듯 아이들이 쓴 편지의 글자 하나하나를 눈으로 읽고 마음에 담는다. 글에 담긴 아이들의 마음을 곱씹어 마음에 새긴다. 다른 누구를 위해서가 아닌 오직 나를 위해서 말이다.

인생을 두 배로 사는 방법

 시간을 되돌려 과거로 돌아간다면…. 누구나 한 번쯤 이런 생각을 해 본 적이 있을 것이다. 과거를 바꾸거나 그리운 사람을 만나고 싶다는 갈망은 모든 사람이 공감할 만한 보편적인 감정이지만 현실에서는 이룰 수 없는 판타지이기에 문학과 영화의 오랜 소재가 되어 왔다.

 영화 〈어바웃 타임〉의 주인공 팀은 아버지로부터 가문의 오래된 비밀을 듣게 된다. 그건 집안의 남자들이 시간을 되돌리는 능력이 있다는 것이다. 팀은 현실에서 일이 꼬일 때마다 시간을 돌려 일을 수습하기도 하고 첫눈에 반한 사람과 인연을 이어 가며 행복한 삶을 산다.

 그러나 과거로 돌아갈 때마다 현재가 조금씩 바뀌면서 그는 과거로 돌아가는 게 과연 행복한 삶을 위해 필요한 일인지 고민하게 된다. 그리고 마침내 사랑하는 아버지는 죽음의 순간을 맞이하게 된다. 팀의 아버지는 세상을 떠나기 직전 팀에게 행복의 비밀을 알려 준다.

 행복의 비밀은 먼저 평범한 하루를 한 번 살고 두 번째로 똑같은 하루를 다시 한 번 사는 것이다. 한 번 살았던 하루를 두 번째 살 때는 긴장과 걱정을 내려놓을 수 있다. 인생의 아름다움을 음미하며 살 수 있다. 현재를 충분히 음미하면서 사는 것, 이것이야말로 행복한 삶의 비밀이다. 많은 사람이 과거를 후회하거나 미래를 불안해 하느라 현재를 잘살지 못한다. 영화는 지금 누릴 수 있는 것을 누리라고 말한다. 시원한 바람과 맑은 하늘을 충분히 누리면서 사는 삶이 진정 행복한 삶이라는 것을 알려준다.

영화의 주인공처럼 시간을 되돌려 몇 번이고 삶을 다시 살 수 있는 능력이 우리에게는 없다. 현재를 충분히 누리며 사는 것이 진정한 행복의 비결이라는 것을 알지만 바쁜 현실에 묻혀 종종 평범한 진리를 잊기도 한다. 걱정과 긴장으로 사는 하루가 아니라 인생의 아름다움을 충분히 누리며 사는 방법은 없을까? 딱 한 번뿐인 인생을 다시 한 번 사는 방법이 있긴 있을까? 나는 그 해답을 나탈리 골드버그가 쓴 『뼛속까지 내려가서 써라』(나탈리 골드버그, 한문화)에서 찾을 수 있었다.

'작가는 인생을 두 배로 살아가는 사람이다. 먼저 첫 번째 인생이 있다. 길에서 만나는 여느 사람들처럼, 건널목을 건너고 아침에 출근하기 위해 넥타이를 매는 그런 일상생활이다. 하지만 이들에게는 생활의 또 다른 부분이 있다. 모든 것을 다시 곱씹는 두 번째 인생이다. 이들은 글을 쓰기 위해 자리에 앉을 때마다 자신의 인생을 다시 들여다보고 그 모습을 면밀하게 음미한다. 삶을 이루고 있는 재질과 세부 사항을 들여다본다.'

나탈리 골드버그의 말은 〈어바웃 타임〉의 주제와 맞닿아 있다. 우리에게 시간을 되돌릴 수 있는 마법의 능력은 없지만, 주인공 팀처럼 인생을 두 번 사는 것이 불가능한 일은 아니다. 모든 것을 다시 곱씹으며 들여다보고 면밀하게 음미할 수 있는 두 번째 인생은 글쓰기를 통해 가능하다고 그녀는 말한다. 한 번 사는 인생을 완성해 주는 진짜 인생 말이다.

현장 체험학습을 다녀오면 나는 체험학습을 다녀온 경험과 느낌을 글로 써 보게 한다. 체험학습을 재미있게 다녀왔으니 글쓰기로 그 즐거움을 다시 누려 보자고 하면 아이들의 원성이 터져 나오기도 한다. 하지만 나는 꿋꿋하게 글쓰기 수업을 시작한다. 그러면서 아이들에게 이런 질문을 던진다.

"얘들아, 작가는 인생을 ( ) 사는 사람이라고 해. 뭘까?"

"인생을 잘사는 사람이요."

"인생을 만드는 사람이요."

"인생을 바꾸는 사람이요."

아이들의 말이 근사하다. 모두 맞는 말이다.

"역시 대단한 어린이들이네!"

아이들을 칭찬해 준 뒤, 나는 나탈리 골드버그의 말을 아이들에게 들려준다. 작가는 인생을 두 배로 사는 사람이라고 말하면 아이들이 고개를 갸우뚱한다. 그리고 아이들에게 즐거웠던 체험학습의 경험을 그냥 흘려보내지 말자고 한다. 체험학습을 한 번 더 가 보자고 말한다. 아침부터 저녁까지 있었던 일을 되짚어 보고 어떤 생각과 마음이 들었는지 생각해 보면 체험학습의 경험이 다르게 느껴질 것이라고. 체험학습이 마냥 좋지만은 않았던 어린이라면 어떤 점이 힘들었는지 그 과정에서 배운 점은 무엇인지도 생각해 보게 한다. 그렇게 체험학습을 한 번 더 다녀와 본다면 우리는 인생을 두 배로 사는 사람이 되는 거라고, 얼마나 풍성하고 다채로운 인생이겠냐고 아이들을 설득한다.

아이들은 진지한 얼굴로 글을 쓰기 시작한다. 몇몇 아이들은 체험학습의 즐거움이 다시 떠오르는지 얼굴에 웃음꽃이 피기도 한다. 나는 덧붙인다.

"여러분이 이야기한 대로 인생을 잘사는 사람, 인생을 만드는 사람, 인생을 바꾸는 사람, 그리하여 인생을 두 배로 사는 사람이 꼭 되세요."

글쓰기를 통해 아이들이 인생을 풍성하게 살기를 바라면서 나는 오늘도 아이들과 글쓰기를 한다.

나가며

아이들의 글쓰기 공책은 여러 가지 모습이다. 확신으로 써 내려간 깨끗한 공책도 있고 여러 번 썼다 지워 새카맣게 변한 공책도 있다. 지워진 말들이 궁금한 나는 아이들의 공책을 이리 저리 돌려 본다. 눈을 가까이 대고 글자 너머의 글자를 찾는다. 이미 지워지고 다른 글자로 덮여 흐릿해진 글자들을 좇으며 사라진 글에 담겼을 아이들의 마음을 헤아려 본다.

미처 쓰지 못한 말이 무엇이건 간에 거기엔 더 잘하고 싶은 마음이 있다. 글을 잘 쓰고 싶은 마음, 선생님에게 칭찬받고 싶은 마음, 부모님에게 인정받고 싶은 마음, 학교생활을 잘해 보고 싶은 마음이 있다.

아이들은 저학년일수록 글쓰기를 좋아하는데, 고학년이 되면서 글쓰기를 어렵고 힘든 것으로 생각한다. 생각나는 대로 눈치 보지 않고 글을 쓸 때는 글쓰기가 쉽고 재미있다. 하지만 학년이 올라갈수록 친구들의 눈치를 보게 된다. 처음엔 그냥 쓰던 글도 어느 순간부터는 잘 쓰고 싶어진다. 잘하고 싶은 마음이 커질수록 글쓰기는 점점 어렵고 힘든 것이 된다. 뭐라고 써야 할지 생각나지 않아 고심하고 끙끙대는 시련의 순간이 찾아오지만 아이들은 늘 방법을 찾아낸다.

한 편의 글을 완성한 뒤 뿌듯하게 웃는 아이들의 얼굴에서 나는 작은 성장을 보았다. 잘 살아내고 싶고 잘 써 보고 싶은 아이들의 애씀을 보면서 나는 아이들에게 좀 더 관대해졌다. 쓰는 일은 그렇게 나와 아이들을 이어 주는 귀중한 끈이 되었다.

매일 아이들과 복닥거리며 지치기도 하고 중요한 것을 놓치기도 하며 흔들리기도 할 것이다. 하지만 좀 더 좋은 교사로, 작가로 살기 위해 아이들과 나 사이의 끈을 잘 부여잡고 살아 보려고 한다.

내 안의 또 다른 가능성을 봐 준 푸른칠판 송진아 대표에게 깊은 감사를 전한다.
내 글에 대해 다정한 조언을 아끼지 않는 남편과 내 삶을 완성시켜 주는 아들에게도 사랑을 전한다.

누구보다 나의 끊임없는 잔소리를 좋게 해석해 주고 열심을 다한 어린이 작가들 덕분에 이 책이 나올 수 있었다. 나와 함께한 글쓰기 시간이 괜찮은 추억으로 남았기를. 어디서든 자유로움으로 쓰고 용기로 지우며 다시 쓸 힘을 얻기를. 글을 쓰고 지우는 과정처럼 인생도 자유롭고 가볍기를 바라는 마음으로 글을 마친다.